Simone Harre // Nicole Roewers

VON DER
Liebe
IN KÖLN

zart bis zündend

emons:

Vorwort

Die Liebe.

Dieses dumme, verwirrende, quälende, überragende, überschäumende, beglückende Ding! Kann die uns nicht mal, manchmal wenigstens, sonst wo? Was ist sie überhaupt, und warum muss sie sich ständig so in den Vordergrund spielen? Was macht sie so unentbehrlich und vor allem: Wie geht man, um Gottes willen, nur richtig mit jener reizenden, doch leicht reizbaren Dame um? Wir wissen nur eines: Wir wollen sie! Gebt uns ein Rezept!!!

Geht nicht. Ein Rezept gibt es nicht. Die Dame hat mehr Gesichter, als wir zählen können. Jedes so hübsch und verführerisch und so wahr und wahrhaftig wie die übrigen. Keine Definition, keine Konvention, keine Formel, erst recht keine Ehe kann ihrer habhaft werden. Und doch lächelt sie uns immer an. Warum nur?

Wir wollten es wissen und sind in die weite Welt gezogen – also durch Köln –, um jener Dame auf die Schliche zu kommen. Wir fragten die Menschen nach ihrer Liebe, nach ihren Erlebnissen und ihren Geschichten und wurden nur noch konfuser. Die Liebe. Die Liebe. Die Liebe? Wie nun? Was? Wo?

Wir waren bereit, ihr direkt in ihre vielen Gesichter zu blicken. Wir waren unerschrocken, tapfer und mit Neugier bewaffnet. Aber wir waren nicht darauf vorbereitet, dass uns ihre vielen Facetten so sehr verwirren, ja, erschüttern würden. Alles, was wir über die Liebe dachten, musste von Grund auf neu sortiert werden.

Immerhin eines wurde uns klar: Die Liebe, es gibt sie wirklich! Doch freilich ist sie kein Ding! Sie ist Bewegung, größtes Geschenk, persönliches Abenteuer, Freiheit, Größe und Weite und entfaltet besonders gern dort ihre Kraft, wo wir es wagen, vom Weg abzukommen, Schmerz auszuhalten, und es doch vermögen, bei uns zu bleiben. Ob zu zweit, zu dritt, zu viert, im Harem oder in der Einsiedelei.

Wie das geht? Trauen Sie sich, lesen Sie dieses Buch und lassen auch Sie sich verwirren!

Am Rande und doch das Wichtigste:

Wir möchten uns an dieser Stelle bei all den Menschen bedanken, die uns ihre Liebe anvertraut haben. Die uns eingeladen haben, ihre Gedanken, ihre Geschichten, ihr Leid und ihr Glück mit uns zu teilen.

Mut und Offenheit gehören dazu. Und auch Vertrauen. Was gar nicht so einfach ist. Doch nur so konnte ein Buch wie dieses entstehen, ein Buch von großer Authentizität, von Herzen fürs Herz, ein Buch mit Leib und Seele und Geschichten, die inspirieren können, dem eigenen Leben mit Neugier und Hingabe zu begegnen. Denn eines haben wir auf dieser Reise gelernt: Die Liebe hat zwar viele Gesichter, aber letztlich ist sie – einfach nur die Liebe.

Simone Harre und Nicole Roewers

Inhalt

Trinken ist TOTAL *wichtig. Liebe auch.*
Oder, Mama?

Kim, 6 Jahre

Love: again

Michael Borgard, 27 Jahre, Mediengestalter, Musiker

Love: again. Liebe: noch einmal. Das ist der Titel des Debütalbums von M. Borgard, so der Künstlername des Songwriters. Es ist die in Noten, in Schwingungen, in leise und laute Töne gegossene Geschichte einer Liebe – und ihres Endes. Des Kampfes, der Resignation. Des Loslassens. Der ersten zaghaften Schritte zurück ins Leben. Und es ist die Geschichte eines zauberhaften Neuanfangs. Love: again eben.

Als Michael Borgard anfing, an seinem ersten Album zu arbeiten, hatte gerade seine Freundin mit ihm Schluss gemacht. Dreieinhalb Jahre waren sie zusammen gewesen, und plötzlich kannte er beides: Liebe und Liebeskummer, wobei »Kummer« untertrieben ist. Die pure Verzweiflung packte den damals Dreiundzwanzigjährigen – und mit ihr die Kreativität.

Die Arbeit an dem Album war für den jungen Künstler eine Art Therapie. Andere schreiben Tagebuch, Michael Borgard schreibt Liebeslieder, haut den Schmerz raus, in einem Aufschrei wie ein Reflex, der musikalisch ganz zart und wunderschön daherkommt.

Breathe Two Winds

You breathe two winds
And I get intense
You say you don't mean no offence
But you breathe two winds

I know you notice me
Yes I know that you do but why
Why do you focus only
On my negativity
What you seek is misery
Just to be able to stop loving me
And the wind is blowin' away away away my self-esteem
. . .

Liebeskummer ist der Stoff, aus dem die großen Dramen sind, in der Literatur, in der Filmgeschichte, in der Musik. Über eine glückliche Liebe zu schreiben, sagt Michael Borgard, das sei schwierig, den Schmerz rauszulassen viel einfacher. Wenn eine Beziehung endet, geht man auf im

Liebeskummer, in der Melancholie. »Ach, komm zurück, ohne dich ist alles so traurig!« Die Reime dazu purzeln nur so aus einem heraus, jede Minute des Leids wird in eine ganze Geschichte gepackt. Etwa der verzweifelte Versuch, die Verflossene an das Telefon zu bekommen, und die Enttäuschung, doch immer nur auf dem Anrufbeantworter zu landen.

Hello Machine

Hello machine, it's me again
Your newfound friend, calling to send
all my love to her again
cuz I know you'll hear me speak after the beep
Hello machine, guess who again
Left out to say my name again
I think you know by now who I am
will you still be here with me after the next beep
. . .

Die Arbeit an dem Album war eine einzige Achterbahnfahrt der Gefühle. Beim Schreiben einiger Songs war er so traurig, dass er dachte: Oh Gott, ich werde nie wieder glücklich! Andere Songs machten Mut, taten ihm gut und gaben ihm das Gefühl, er sei einen gewaltigen Schritt weitergekommen. Und dann schrieb er am nächsten Tag einen neuen

Song und machte damit wieder zwei Schritte zurück. Monate dauerte das Auf und Ab. Es half alles nichts. So oder so: Die Frau kam nicht zurück. Und dann, ganz langsam, wurde es endlich besser. Michael Borgard begann wieder öfter auszugehen, begegnete neuen Menschen.

»Wenn man einmal durch dieses Tal der Tränen gegangen ist und wieder Aufmerksamkeit von jemand anderem bekommt, und sei sie noch so klein, dann denkt man schon wieder: Wow, was ist die Welt klasse! Wie kann mir das passieren, dass mir jemand zulächelt! Man möchte sofort hinlaufen zu der Person und sagen: Warum hast du mich jetzt angelächelt?«

Die Frau, die sein Freistrampeln vom Schmerz erheblich beschleunigte, hieß Nuria. Er traf sie auf einer Party.

»Das war jetzt keine Affäre oder so, aber das war noch in der Phase, da hab ich noch jeden Tag an meine Exfreundin gedacht. Und dann kam plötzlich dieses Mädchen rein, sie war wunderschön und hatte eine tolle Ausstrahlung. Und über den Abend hinweg bin ich dann mit ihr ins Gespräch gekommen und hab mich mit ihr unterhalten, einfach nur von Mensch zu Mensch. Sie wirkte so interessiert wie lange kein Mensch mehr oder kein Mädchen mehr.

Und drei Tage danach bin ich dann wieder aufgewacht und habe gedacht: Mensch, du hast jetzt drei Tage lang nicht an deine blöde Exfreundin gedacht, die hast du ja fast vergessen, wie toll ist das denn?

Da hab ich danach nur an sie gedacht. Und drei Tage danach bin ich dann wieder aufgewacht und habe gedacht: Mensch, du hast jetzt drei Tage lang nicht an deine blöde Exfreundin gedacht, die hast du ja fast vergessen, wie toll ist das denn? Geht ja irgendwie doch!«

Klar, dass auch Nuria ein Lied gewidmet ist.

Nuria

Nuria my love, you picked up all the pieces of my broken heart
Nuria my love I hope we never part

Well I'd been holding on for a long long time
to a love that I could not make mine
But then you walked into my day and I know that I was saved.
Nuria my love, you picked up all the pieces of my broken heart
Nuria my love I wish we'd never part
. . .

Aber die große Liebe, die kam etwas später, völlig unverhofft, wie so oft.

Michael hatte einen Einsatz als Kameramann in Barcelona, es war November, und das »Liebeskummergedöns« lag endlich hinter ihm. Der Flug ging über München. Es war ein Tag, an dem er weder Lust hatte aufzustehen noch zu arbeiten und weit davon entfernt war zu flirten.

Einfach nur im Flieger sitzen, ein Buch lesen, Ruhe haben, das war es, was er wollte, doch das Leben machte ihm einen Strich durch die Rechnung. Neben ihm saßen zwei junge Frauen, eine von ihnen war ihm schon vorher auf der Gangway aufgefallen: »Sehr attraktiv und ganz süß!« Die beiden Frauen redeten ohne Punkt und Komma, unterhielten das halbe Flugzeug. Keine Chance, in Ruhe das Buch zu lesen. Und dann kam auch noch die Durchsage, dass in München Nebel sei, der Flieger konnte also erst einmal nicht starten. Also weg mit dem Buch. Sie kamen ins Gespräch, und plötzlich war alles vergessen: das frühe Aufstehen, das Warten auf der Startbahn.

Als der Flieger dann schließlich in München aufsetzte, kam zum »sehr attraktiv und ganz süß« noch »charmant, clever und lustig« dazu, und Michael Borgard war verliebt. So sehr, dass er seinen ganzen Mut zusammennehmen musste, um vorzuschlagen, per E-Mail in Kontakt zu bleiben. »So ganz locker, aber in mir drin war ich total aufgeregt!« Kaum in Barcelona, mailten die beiden auch schon hin und her. Bald wurden die Handynummern ausgetauscht, und als er wieder zurück in Deutschland war, trafen sie sich. »Also, kennengelernt haben wir uns an einem

Ich glaube, ich habe eine Freundin!

Donnerstag, und Dienstag hab ich sie dann gefragt, ob wir uns nicht mal treffen wollen, und dann haben wir uns getroffen, und am Tag danach wieder getroffen und danach wieder getroffen, und nach wenigen Tagen haben wir uns dann geküsst zum Abschied, und dann hab ich auf dem Rückweg von ihr nach Hause einem Kumpel per SMS geschrieben: ›Ich glaube, ich habe eine Freundin!‹«

Sicher war er sich da nicht. Er kannte sie erst eineinhalb Wochen und wusste nicht, ob dieser Kuss auch für sie bedeutete, dass sie ein Paar waren. Aber beim nächsten Treffen gab es

Das ist das Versöhnliche, das ›again‹. Es geht weiter. Und besser!

wieder einen Kuss, und da war die Sache klar. Das ist sie auch heute noch. Ein halbes Jahr sind die beiden nun zusammen, und »wenn sie in den Raum reinkommt, denke ich: Wow, wie wunderbar!«

Ein versöhnliches Ende. Für ihn, seine Gefühle und für sein Album. Es bekam seinen Titel: Love: again. »Das ist das Versöhnliche, das ›again‹. Es geht weiter. Und besser!« Und so steht dieses Debütalbum für eine abgeschlossene Geschichte, die wie ein Buch zugeklappt und versiegelt ist.

»Man singt es mit dem Gefühl: Ich hab das überwunden. Das hab ich jetzt geschafft. Es ist komplett abgeschlossen dadurch. Und das gibt einem Mut, dass man das geschafft hat.«

Das nächste Album ist schon in Arbeit. Gerade hat er den ersten Song aufgenommen, den er für SIE geschrieben hat. Ein glücklicher Song, der sich doch ganz einfach schreiben lässt. Was er aussagt? »Du bist klasse.« Kein Schmerz, kein Kummer.

Nicole Roewers

Ich habe ihm ja schon beim Kennenlernen erzählt:
Am liebsten würde ich Domina werden. Hat er
mich ganz groß angeguckt. Dann habe ich mit der
Telefonline angefangen, und die macht man ja nun
mal zu Hause. Und ich habe immer gefragt: Ist das
okay für dich, oder stört dich das? Am Anfang war
er auch wirklich ein wenig eifersüchtig, aber nach-
dem er mich dann dreißigmal lauthals stöhnen hat
hören, während ich Playstation gespielt habe, da hat
er irgendwann nur noch gegrinst und abgewunken.

Anna, 25 Jahre, Domina

Wenn Schweine Elefanten heiraten

Marina Yabukova, 28 Jahre, Artistin & Yvo Antoni, 33 Jahre, Artist

Endlich Abend. Ich bringe meine kleine Tochter zu Bett. Wie immer mit einem Buch. Heute: das Leben im Zirkus. Bunte Bilder leben vor uns auf. Zelte, Wohnwagen, Käfige, Artisten, Tiere, glitzernde Kostüme, Seile und Trapeze, Musik aus dem Leierkasten. Eine Welt, verlockend, fremd, eine eigene kleine Stadt, in der alles ganz anders ist.

Moment, denke ich, wenn dort alles anders ist, also wirklich alles, gilt das dann auch für die Liebe? Kann es also sein, dass die Liebe unter Artisten schillernder, freier, gar glücklicher ist? Oder erliege ich gerade nur der hier illustrierten Zirkusromantik, dem Schein, der Idylle? Wie ist das denn nun? Seite um Seite blättere ich weiter, der Liebe komme ich auf diese Weise nicht auf die Spur.

Schließlich klappe ich das Buch zu, gebe meiner Tochter einen Gutenachtkuss, und schon eile ich auf leisen Sohlen aus der Tür. Ich gehe ins

Internet. Aber, hmmm, Artisten in Köln … nicht gerade üppig. Ich suche lange, und als ich fast schon aufgeben will, stoße ich auf die russische Luftakrobatin Marina Yabukova. Sofort bin ich mir sicher: Die isses. Die kann mir bestimmt etwas zur Liebe im Zirkus erzählen. – »Die Liebe? Gerne, ein schönes Thema!«, sagt sie auch gleich auf meine Anfrage hin.

Und bald darauf, an einem Samstagmorgen, sitze ich bei ihr in der Küche. Zusammen mit Yvo, ihrem Mann, und Prima Donna, einem vergnügten Jack-Russel-Terrier, beide ebenfalls Artisten, und einem stattlichen Kater, der unbedingt mit auf der Bank Platz nehmen möchte, jedoch von seinen nächtlichen Aktivitäten so müde ist, dass ihm im Sitzen immer wieder die Augen zufallen. Auch Marina und Yvo sind noch ein wenig schläfrig, und während sie sich mit Kaffee und Müsli auf den Tag einstimmen, kümmere ich mich um mein Aufnahmegerät, das einfach nicht anspringen will. Aber dann, DANN geht es los, beginnt die Geschichte, eine richtige Liebesgeschichte, und: Sie ist lang, voller Widerstände und Schwierigkeiten, Drama und Glück und … nein, genug der Vorrede, nun soll es losgehen. Ein immer lauter werdender Trommelwirbel hebe an und:

Manege frei für Marina und Yvo!

Kapitel 1. Der schwedische Wanderzirkus

Alles ist zunächst wie im Bilderbuch meiner Tochter. Nur in echt. Für ein halbes Jahr kehren Marina und ihre Eltern, Angestellte beim großen Moskauer Staatszirkus, Russland den Rücken und schließen sich für die Sommermonate einem kleinen Wanderzirkus in Schweden an. Man zieht von Ort zu Ort, genießt die Landschaft, beobachtet Elche, lebt im Wohnwagen, arbeitet und feiert zusammen. Eine kleine Gemeinschaft für einen begrenzten Zeitraum. Zirkusromantik pur. Marina ist gerade erst siebzehn, doch als richtiges Zirkuskind ist sie vollständiges Mitglied der Gemeinschaft und hat ihre eigenen Nummern: Taubendressur und Luftakrobatik.

Im Wohnwagen nebenan wohnt Yvo, dreiundzwanzig. Er kommt aus Köln, ist kein Zirkuskind, wäre aber gern eines. Hat die Schule kurz vorm Abitur geschmissen und gegen den Wunsch, Artist zu werden, eingetauscht. Seine Nummer: die Jonglage. Sein Look: freakig.

»Du warst ne richtige Comicfigur«, sagt Marina zu ihm. »Ganz dünn, Dreadlocks, ein bisschen lustig, mit 'nem kleinen Hund dabei!« Und ganz und gar nicht ihr Typ. »Normalerweise mag ich eher ernstere

Es ist halt schön, wenn ein netter junger Mann im Wohnwagen neben dir wohnt

Leute, auch ein bisschen kräftiger gebaut, also ganz sportliche. Und Ivo …« Na ja, jetzt sei er kräftig, sagt Marina. Sie habe ihm eine Karte fürs Fitnessstudio geschenkt. Doch schon damals hat Yvo, wenngleich untrainiert, Marinas Interesse wecken können. »Es ist halt schön, wenn ein netter junger Mann im Wohnwagen neben dir wohnt«, sagt sie.

Und so ist ziemlich schnell aus einer anfänglichen Freundschaft mehr geworden. Sie seien schon nach ein, zwei Monaten im Bett miteinander gewesen, doch war dies auch eine Beziehung? Yvo habe sich da nie so recht festlegen wollen. Die Gegenwart war schön, fand er, mehr sollte daraus nicht werden. »Es ist halt relativ oft so«, sagt Marina, »dass man sich im Zirkus nicht verpflichtet, miteinander zu bleiben.« Zumindest sei es im Zirkus schwieriger, eine Beziehung aufrechtzuerhalten und zusammen gebucht zu werden. Man sage im Zirkus: »Die Manege ist rund, man trifft sich irgendwann wieder. Vielleicht in fünf Jahren, vielleicht in zehn. Irgendwann.«

Um diesen Umstand wusste Marina also, gleichwohl seien ihre Gefühle für Yvo gewachsen und dazu auch die Ansprüche an das Miteinander. Während sie also sagte: »Wir sind ein Paar«, sagte er: »Du bist meine Freundin, eine gute Freundin. Wir sind befreundet.« – »Wie, Freunde?«, habe sie erwidert. »Das gibt's doch nicht wirklich, wenn man miteinander schläft.« Doch. Yvo blieb dabei: »So ist das halt, wir sind kein Paar.« Also gut, dachte sich Marina, ich muss auf meine Gefühle aufpassen. Nicht zu viel zulassen, nicht zu viel öffnen. Wir sind NUR Freunde. Und schlafen NUR miteinander. Warum nicht?

Doch eines Tages sei Yvo in ihren Wohnwagen gekommen und habe

gesagt: »Meine Freundin kommt mich besuchen. Bitte sag kein Wort!«
Und dann sei er wieder gegangen. »So *dumdidum* mit dem Hund spazieren. Und ich saß da und hab nur gedacht: Das gibt's doch gar nicht.«

»Wir waren ja sehr offen miteinander, und deswegen hab ich halt auch so offen mit ihr gesprochen«, verteidigt sich Yvo. Er habe sich wirklich nichts dabei gedacht, glaubt auch Marina und nickt. Dennoch, den Schock habe sie erst mal verdauen müssen. Sollte sie jetzt wirklich dabei zusehen, wie ihr Yvo mit einer anderen im Wohnwagen nebenan lebt? Nein. Wie absurd. Es kann nur eine geben, fand sie. Yvo musste sich entscheiden. Das sagte sie ihm auch. »Und er saß da und hat mit mir noch so diskutiert: ›Ach, ich weiß nicht. Meine Freundin ist doch so nett und so lustig, und du bist auch so nett und so lustig, und ich weiß nicht, was zu tun ist.‹«

Aber dann hat Yvo doch gewusst, was zu tun ist. Er rief seine Freundin in Köln an und erklärte dieser, dass er jetzt im Zirkus eine neue Freundin hätte. Alles wieder gut. Oder fast. Oder nicht. Sie hätten sich sehr gut kennengelernt, sagt Marina, vielleicht geliebt, eine schöne Zeit miteinander verbracht, das ja, aber bis zum Ende seien sie halt kein Paar gewesen. Und irgendwann sei die letzte Show gekommen, und die sechs Monate in Schweden waren um. Alles war um.

»Ich kam mich verabschieden. Seine Wohnwagentür war offen, er hat gepackt. Und ich stand da und sagte ganz traurig: ›Na, nun, dann sehen wir uns mal vielleicht irgendwann. Aber nur, wenn du ganz zufällig mal in Russland bist. Hahaha, was ich nicht glaube. Ruf mal an, oder lass uns wenigstens mal so an Weihnachten, Geburtstagen, Feiertagen melden.‹ Und dann dreht der sich um, und ich sehe, dass er weint …«

Aber alles sei ganz schnell gegangen. Die kleine Stadt habe sich im Nu aufgelöst, war alsbald verschwunden, und während Yvo mit dem Flugzeug schon in drei Stunden wieder in Köln war und dort Party machte, zuckelte Marinas Familie geschlagene fünf Tage und mit zwei Autos und Tieren nach Russland zurück. Eine lange Heimreise. Viel Zeit zum Denken und Sehnen. Als sie zu Hause ankam und alle ihre Freunde wieder treffen konnte, war Marina zunächst abgelenkt. Doch nach einiger Zeit, als alles ein bisschen ruhiger geworden war, musste sie sich eingestehen, dass sie Yvo immer noch vermisste. Es war Oktober 2002, als sie ihn anrief.

Kapitel 2. Sehnsucht hin oder her

»Hallo?«

»Ich vermisse dich!«

»Hallo, hallo?!« (Partygeräusche im Hintergrund)

»Ich vermisse dich.«

»Oh, besser nicht.«

»Warum?«

»Ich will halt nicht, dass es dir wehtut.«

Die Telefonate seien immer gleich gewesen. Auch das Gefühl, sie werde wie eine Bedürftige behandelt.

»Hast du eine andere?«, fragte sie irgendwann.
»Ja.«
»Wieder die Gleiche? Die vor dem Zirkus war?«
»Ja.«

Also gut, dachte Marina, das ist okay, er ist glücklich, das ist auch wichtig. Sie musste mit ihrer Liebe und ihrer Trauer selbst klarkommen. Tat sie.

Zwei Monate später, sie hatte es gerade geschafft, beim Einschlafen kaum noch an Yvo zu denken, klingelte das Telefon: Sie fehle ihm so, mit der Freundin sei er auch nicht mehr zusammen. Ob sie denn nicht mal nach Köln kommen wolle? Innerlich, sagt Marina, habe sie »Yeah, yeah!« gerufen, nach außen aber tat sie kühl: »Weiß nicht, muss mal gucken.« Ihre endgültige Antwort habe sie taktisch noch ein wenig hinausgezögert, doch schließlich fuhr sie. »Ich habe halt versucht, mich so drauf einzustellen: Okay, nur keine verträumten Wünsche, das ist einfach nur ein Urlaub! Ein netter Urlaub mit einem netten Menschen, und Köln ist eine schöne Stadt.« Am Anfang habe sie ihn erst mal abgetastet: »Ist er der, den ich von damals kenne? Oder ist er hier komplett anders?« Mit dem Ergebnis: Er war derselbe, und sie blieb vier Wochen. Lernte seine Freunde kennen, seine Unternehmungen als Artist und liebte ihn.

Dann fragte sie wieder:

»Sind wir zusammen?«

Die Antwort: »Nee!«

Meine Güte, habe Marina da gedacht, was eine Geburt!

»Was war denn das Problem?«, frage ich.

»Also von den Lebenswegen her«, sagt Ivo. »Die waren ganz unterschiedlich. Sie war ein Zirkuskind aus einer traditionellen Zirkusfamilie, und ich bin halt so ein Typ, der –«

»Ein Hippiefreak«, sagt Marina, »in der Südstadt groß geworden.«

»Genau«, bestätigt Yvo. »Morgen hier und heute da. Mein Lebensweg war überhaupt nicht klar. Ich wollte mich auch noch gar nicht binden.«

Und eine Fernbeziehung Köln–Moskau, wie sollte das denn gehen? Also: Die Unverbindlichkeit blieb.

»Wir haben uns verabschiedet mit den Worten: Wir sehen uns ...«

Doch wieder überwog die Sehnsucht. Yvo kündigte kurz entschlossen einen Besuch in Moskau an. »Er kommt, er kommt«, verkündete Marina ihren Freundinnen. »Oh Gott! Drama!« Und er kam wirklich und blieb für zwei Wochen. Zwei Wochen russisches Touristenprogramm

Wir haben uns verabschiedet mit den Worten: Wir sehen uns

und Mamas Küche. Ob sie ein Paar seien, hat Marina diesmal nicht mehr gefragt. Wie sie das künftig machen sollten, wollte dagegen nun Yvo wissen. Künftig? Marina war etwas überrumpelt. Yvo sprach sogar von Heiratsabsichten. Sogar mit ihrem Vater. Dieser schenkte dem zukünftigen Schwiegersohn zu seinem herzlichen Einverständnis Marinas Seilwinde für die Luftakrobatik als Mitgift mit dazu.

»Im Wert von tausend Dollar«, sagt Yvo.

So weit der neuerliche Vorstoß. Es gab nur noch ein klitzekleines Problem: Wer würde bei wem wohnen? Nach Moskau ziehen? Nein. Unwahrscheinlich, dass Yvo hier würde leben können. Außerdem, sagt Marina, sei es einfach so, dass es allein in Moskau eineinhalbtausend fest angestellte Artisten gäbe. Wer brauchte da einen Yvo? Köln dagegen habe noch nicht einmal fünfzig professionelle Artisten. Und so: »Dann muss ich halt gucken, dass du irgendwie nach Köln kommst.«

Das Irgendwie sei aber genau der Haken gewesen. Wie sollte Marina ein Visum bekommen? Ihre Arbeitskraft wurde in Deutschland nicht explizit gebraucht, ohne Arbeit durfte sie nicht bleiben, ein Touristenvisum hätte keinen Sinn gemacht, denn dann hätte sie keinen Job annehmen dürfen, Deutsch sprach sie auch nicht. Was blieb? Heiraten. Jedoch nur als letzter Ausweg und Mittel zum Zweck. – Fand Yvo, flog nach Hause und recherchierte die Möglichkeiten. Es gab keine. Aber es gab eine zündende Idee und ein aufgeregtes Telefonat:

»Hör mal, Marina, da ist so ein Discoagent, und der hat einen Trupp Brasilianerinnen importiert, um die hier in Discos auftreten zu lassen. Und der hat gesagt: ›Wir können auch einen Trupp Russinnen importieren, und die kriegen als Tänzerinnen eine Arbeitserlaubnis, solange sie hier sind, und da können wir deine Frau einfach mit druntermischen.‹«

Ob Marina nicht ein paar Mädels kennen würde, die Lust hätten, mal nach Köln zu kommen?

Was für eine abgefahrene Idee. Fanden Yvo und Marina damals auch. Und sie nahmen sie kurzzeitig auch ernst. Marina ging schnell im Kopf durch, wer von ihren Freundinnen dafür in Frage käme, fiebrig erregt ob der einmaligen Chance und in ihrer Euphorie erst gestoppt, als ihre Mutter eingriff: »So fast mit dem Hammer auf den Kopf: ›Hallo, Moment bitte, geht's noch?‹« Gut, war also auch nichts. Wieder sei nur die verflixte Heirat übrig geblieben, die Yvo, trotz Heiratsantrag, ja nicht wirklich im Sinn hatte.

Also, was jetzt? Was war Plan B oder C? Gab es den überhaupt? Hallo, Yvo? Der Plan?

Köln blieb stumm. Yvo schien auf einmal wie vom Erdboden verschluckt, meldete sich eine Woche nicht, zwei Wochen nicht. Mhhhh, dachte Marina, das ist verdächtig. Irgendwann ist Yvo dann doch ans Telefon gegangen:

»Ja also, irgendwie ist mir das gerade alles zu viel und komisch, keine

Ahnung, da muss ich echt Verantwortung übernehmen, und ich weiß es nicht.« Kurzum: Er müsse noch mal überlegen.

Das sei die »krasseste Zeit« in ihrem Leben gewesen, sagt Marina. »So viele Sorgen und seelische Kämpfe und Tränen.« Sie konnte nicht mehr. Das emotionale Hin und Her, so viel war ihr klar, musste aufhören. Sie rief ihn wieder an und sagte:

»Ich bin bereit, mein ganzes Leben hierzulassen, meine Eltern, meine Freunde, meinen Arbeitsplatz, wo ich zwölf Jahre gearbeitet habe, mein Land, mein Haus, alles. Und ich bin bereit, in einem fremden Land zu leben, wo ich keine Sprache kenne, in einer total anderen Kultur, einfach mal wegen dir bin ich bereit, so einen krassen Schritt zu machen, weil ich dich so liebe, und du kannst dich hier verdammt noch mal nicht entscheiden. Mal ja, mal nicht.

Entweder wir kämpfen dafür, dass wir zusammen sein können, oder wir lassen das, aber das musst du mir dann sagen.

Mal sind wir zusammen, mal nicht. Mal heiratest du mich, mal nicht. Das ist mir so was von … Ich bin total satt davon! Ich brauche eine klare Ansage: Entweder wir kämpfen dafür, dass wir zusammen sein können, oder wir lassen das, aber das musst du mir dann sagen. Es hängt alles an dir. Entscheide dich, aber entscheide dich schnell.«

Das war im August. Marina hatte es gesagt und harrte nun der Antwort.

Und Yvo? Das Telefon blieb erneut tagelang stumm.

Kapitel 3. Los geht's oder wie man Standesbeamte verwirrt

Das war's also, dachte Marina. Er hat sich entschieden. Er ruft nicht mehr an. Aber dann klingelte das Telefon doch noch: »Ich habe die Botschaft angerufen und gefragt, welche Papiere du brauchst zum Heiraten, und ... schreib mal bitte auf, du musst dich darum kümmern in Russland und die sammeln ...«

Inzwischen ziemlich entnervt und ohne Hochgefühl zog sie los, um zu besorgen, was sie an Unterlagen brauchte. Es waren viele und nicht leicht zu bekommen. Viel fahren, viel anstehen, schließlich viele Papiere umsonst. Aber irgendwann war alles beisammen, und es konnte losgehen. Schweren Herzens nahm sie von ihren Eltern Abschied. Die Eltern hätten sie all die Zeit ermutigt zu fahren, sagt Marina, und auch jetzt sagten sie nur: »Dein Zimmer wird immer für dich da sein.« Für russische Eltern sei es normal, ihre Kinder so früh herzugeben. Die meisten würden früh heiraten, früh Kinder bekommen und sich danach auf die Karriere konzentrieren. Anders als in Deutschland. Dass jedoch ausgerechnet Marina die Erste in ihrer Clique sein würde, damit hatte keiner gerechnet.

Dein Zimmer wird immer für dich da sein.

»Ich war halt immer so ein Großmaul gewesen, so eine Kämpferin«, sagt Marina. Und als solche sei sie losgezogen. In eine Zukunft, die sich auch weiterhin wenig romantisch ausnahm.

Damit das Visum nicht verfiel, mussten sie sich schon in wenigen Tagen standesamtlich trauen lassen. In Weiß habe Yvo nicht heiraten wollen, sagt Marina, aber etwas Besonderes sollte es schon sein. Irgendwann, als sie in einem Karnevalsladen künstliche Wimpern für ihre Auftritte kaufen wollte, sah sie die vielen Kostüme und dachte: DAS ist es! und rief Yvo an.

»Ich habe was gefunden. Und das kaufe ich jetzt.«

»Okay, ich vertrau dir. Kauf's, bring's mit.«

Yvo lacht. »Und dann kommt sie nach Hause, und was hat sie dabei? Zwei Vollkörperkostüme.« Elefant mit langem Rüssel für ihn und ein Schweinekostüm mit kleinen Schweineohren und hinten Schwänzchen dran für sie. Bei der Heirat, sagt Yvo, hätten sie die Schwänzchen zusammengeknotet. Wie hübsch. Und welch lustige Idee. Aber die Hochzeit sei ein Desaster gewesen. Nach einer Stunde Schlaf, versoffen vom Junggesellenabschied und ungeduscht, aber gut gelaunt im Ganzkörperkostüm irren beide am Morgen ihrer Hochzeit wehenden Rüssels und schlackernden Schwanzes durch Köln. Sie sind bedenklich spät dran. Aber den Termin dürfen sie keinesfalls vermasseln, das wissen sie. Zu Fuß, U-Bahn, schließlich Taxi und gerade noch geschafft, stehen sie schließlich atemlos vor dem Standesbeamten. Marina Yabukova, Schwein, Yvo Antoni, Elefant. Der Standesbeamte ist irritiert, versteht wenig Spaß und Marina kein Wort. Eine Dolmetscherin übersetzt für sie. Als Yvo dann auch noch sein Handy auf den Tisch legt, damit seine

Zwillingsschwester in Amerika akustisch der Trauung beiwohnen kann, ist es genug. Genervt schiebt der Standesbeamte die beiden ziemlich schnell nach Erledigung aller Formalitäten aus der Tür. Küssen? Ja, wenn Sie wollen. Ringe? Ja, wenn Sie meinen. Und tschüss.

Sie hatten es geschafft.

»Ja, wir haben es erreicht, erkämpft«, sagt Marina. »Ich habe einen Mann, den ich liebe. Wir sind zusammen, juhu! Juhu? In Russland sagten sie: ›Du bist in Deutschland, du lebst da schön …!‹ – ›Schön? Guck mal, ich habe Kohleofenheizung und null Geld.‹ Aber wir waren happy und optimistisch.«

Kapitel 4. Egal was

Nun musste es irgendwie weitergehen. Und das ging es auch. Aber sehr sehr schleppend. Deutschland bedeutet für Marina kein Leben im Luxus, im Vergleich zu Russland war ihr Lebensstandard sogar noch niedriger als zuvor. Sie und Yvo nahmen anfangs jeden Job an, den sie finden konnten und der zu ihnen passte, also Zelte aufbauen, unterrichten, Künstlertransporte fahren, solche Dinge. Dann schlossen sie sich einem kleinen Wanderzirkus an. »Richtig oller kleiner Klitschenzirkus«, sagt Yvo. »Oma, fünf Kinder, und die schmeißen den Laden allein. Echt miserabel und Rotz.« Marina sagt, außer Roncalli, Krone und FlicFlac könne man sich in Deutschland nichts anschauen. Von dem Zirkus, mit dem sie in ihrer Not trotzdem mitgefahren sind und der sie nicht bezahlt hat, sind sie dann auch bald weggelaufen.

Weiter ging es. Viel arbeiten, wenig haben. Total deprimiert waren sie, und trotzdem sagte Marina jedes Mal: »Hör mal, wir gehen jetzt ins Kino. Punkt. Und für die letzten fünfzig Euro gehen wir lecker essen.« So haben sie das in dieser Zeit immer gemacht. Und Ivo: »Wir kaufen uns besser zehn Säcke Kartoffeln.« – »Nein«, erwiderte Marina, »das Leben ist einfach so. Es kommt irgendwas. Wenn das zu Ende ist, kommt irgendwas. Muss was passieren. Ist so.« Also kauften sie sich Cola und Popcorn und sahen sich einen coolen Film an. Es sei immer schön gewesen. Auf diese Weise verbrachten sie ihr erstes gemeinsames Jahr. Nahmen immer wieder kleine Jobs für Events an, bewarben sich bei Zirkussen, gaben nicht auf. Schließlich, als die Lage nicht besser wurde, gingen sie ins europäische Ausland. Schweden, Frankreich, zogen dort fünf Jahre mit Wanderzirkussen umher, haben sich Nummern ausgedacht, an ihnen gearbeitet und ein richtiges Zirkusleben geführt.

Das Leben ist einfach so. Es kommt irgendwas. Wenn das zu Ende ist, kommt irgendwas. Muss was passieren. Ist so.

Aber auch ein schönes? Eines aus dem Bilderbuch?

»Da bist du halt irgendwo im Wohnwagen«, sagt Yvo, »der Zirkus macht nachts um zwölf das Aggregat aus, und es gibt keinen Strom mehr. Und du sitzt da, und es schneit, und du hast keinen Strom. Du frierst dir den Arsch ab, und du denkst: Wir sind in Westeuropa im 21. Jahrhundert und leben ein Leben, das gibt's gar nicht.«

»Das ist dann auch nicht mehr wirklich freakig«, sage ich.

»Nein«, sagt Yvo, »irgendwann stellst du fest, dass das Leben im Zirkus teilweise erzkonservativ abläuft, und wenn du gut leben willst, musst du komplett autark sein. Du musst deine eigene Energie- und Wasserversorgung haben. Sonst hat man dich in der Hand. Aber auch in den Topzirkussen gibt's die gleichen Geschichten. Es ist ein hartes Brot.«

Natürlich, sagt Marina, sei es ganz romantisch, wenn das Wetter schön und coole Leute um einen rum seien. »Du kannst grillen, der Wohnwagen ist offen, Sonne scheint rein, Markise drüber, alle sind draußen, spielen Ball ...« Doch wann sei es schon so?

Yvo sagt, von den fünf Jahren, die sie gemeinsam auf Tour gewesen seien, sei ein Jahr cool gewesen, ein Jahr in Ordnung, drei nicht so toll und zwei davon richtig mies. »Und dann denkst du dir: Der Schnitt ist nicht cool. Und du denkst dir auch: Jetzt reicht's!«

Doch was war die Alternative? Entweder sie würden ihre Wohnung in Köln jetzt endgültig gegen einen Lkw mit fünfzig Quadratmetern Platz, Elektrik und Wassertank eintauschen, oder sie blieben dauerhaft in Köln. »Und dann war die Entscheidung klar: Wir bleiben lieber in Köln.«

Anfangs haben sie in Köln wieder alle möglichen Engagements angenommen, Galashows, Events, einmalige Auftritte. Dann hat plötzlich RTL angerufen und versucht, sie für die Supertalentshow zu gewinnen. »Nein!«, hätten beide sofort gesagt. »Nein!« Andererseits: Werbung konnte ja nicht schaden, und sie brauchten ja auch Geld, und überhaupt. Am Ende haben sie doch teilgenommen und – sie gewannen! Beziehungsweise Yvo gewann mit Prima Donna. Das, sagt Marina, habe ihnen dann einen richtigen Schub verpasst und sie dorthin katapultiert, wo sie die ganze Zeit hinwollten. »Und noch weit darüber hinaus.«

Kapitel 5. Die Zukunft

Inzwischen läuft alles gut. Sie haben Auftritte und Werbeengagements, und das Beste: Mit dem Gewinn aus der Show konnten sie eine Wohnung kaufen. Die harten Jahre waren gestern.

»Wollt ihr jemals wieder im Wohnwagen unterwegs sein?«, frage ich.

»Nicht unbedingt«, sagt Marina. Aber für Kinder sei es traumhaft im Zirkus. Es könne gar nichts Besseres geben. »Man lernt früh, Verantwortung zu übernehmen, und man lernt, sich mit anderen Menschen zu arrangieren, sie zu durchschauen, und man hat immer Tiere um sich.« Sie habe Pferde geritten, Kamele und Elefanten, sei mit Affen spazieren gegangen. Für sie hätte es nichts Besseres geben können.

Für ihre eigenen Kinder, die sie ja noch nicht haben, sich aber für die Zukunft wünschen, könnten sich die beiden das auch vorstellen. Andererseits sind sie ja inzwischen sesshaft geworden, und so träumen sie nun eher von einem eigenen kleinen Varieté an Ort und Stelle: »Also kein Zirkus, aber etwas, wo ein bisschen Artistik gezeigt wird, wo die Leute gemütlich essen, und wir machen eine schöne Show.«

»Ihr habt ganz ordentlich was zusammen erlebt«, sage ich.

»Ja«, findet auch Yvo, »wir sind durch dick und dünn gegangen. Wir sind den ganzen Tag zusammen. Üben an unseren Nummern, sprechen über die Arbeit. Und das hat uns auch ganz schön zusammengeschweißt.«

Marina ergänzt: »Für uns war ja gar nicht klar: Klappt das überhaupt? Wir haben einfach so geheiratet.« Und auch wenn sie das unbedingt so gewollt habe, Angst habe sie schon gehabt und lange Zeit tausend Euro versteckt gehalten. »Für den Fall, dass ich einfach mal abhauen muss.«

Ich kämpfe immer, bis ich nicht mehr aufstehen kann

Immer mal wieder sei sie verzweifelt gewesen. Sie musste Deutsch lernen, sich an eine neue Mentalität gewöhnen. Aber das Schwierigste war der Umstand, dass sie hier keine Freunde hatte.

»Wenn man sich zum Beispiel streitet, er geht dann halt zu seinen Freunden, ich hatte niemanden. Das waren Momente, wo ich dachte: Was mache ich hier überhaupt? Aber ich habe einen anderen Charakter. Den Tausender zu nehmen wäre zu einfach gewesen. Ich kämpfe immer, bis ich nicht mehr aufstehen kann.«

Doch es sei immer wieder vorgekommen, dass sie sich vor Verzweiflung im Klo eingeschlossen habe. »Schreiend, heulend, weil ich einfach nicht meinen Platz finden konnte.« Und Yvo auf der anderen Seite der Tür: »Mach doch auf, was willst du, sprich mit mir ...« Er habe aber nicht helfen können. Helfen konnte nur die Zeit. »Es hat halt gedauert, bis ich hier meinen Kreis aufgebaut habe.« Mittlerweile aber kann sie sagen: »Ich bin angekommen. Ich fühle mich wohl. Ich habe ein Haus, ich habe einen Mann, ich habe tolle Tiere, einen Job, den ich liebe. Uns geht's gut, wir verdienen genug. Wir haben Erfahrung und ein gemeinsames Ziel. Ich freue mich.«

Inzwischen sind sie neun Jahre verheiratet, und nächstes Jahr, zu ihrem zehnten Hochzeitstag, wollen sie noch einmal heiraten. Diesmal in Russland, im weißen Kleid und mit Familie. Genau so wie Marina es sich gewünscht hatte.

»Es gibt in meinem Leben nichts, was ich bereue«, sagt Marina. Sie hätte durch alles etwas gelernt. Und: »Ich finde unsere Geschichte total spannend, weil sie am Anfang so unmöglich aussah.«

»Das finde ich auch«, sage ich, und während ich noch darüber nachsinne, für wie viele Menschenleben Marinas bereits Erlebtes mit ihren achtundzwanzig Jahren schon reicht, schließe ich mit einem sanften Trommelwirbel nachdenklich den Vorhang.

Simone Harre

Ich habe als Kind zu wenig bekommen von dem, was ich eigentlich wollte, und habe es mir später an manchen Stellen extrem gesucht. Selten war es bei uns zu Hause so, dass man sich in den Arm genommen hat, dass man sich gesagt hat, dass man sich gern hat. Das war kein Thema. Es war ein reines Funktionieren in allen Bereichen. Ich war ein stilles, liebes, braves Kind. Das war am Einfachsten. Das Verstecken meiner Gefühle und Bedürfnisse hat zehnmal besser funktioniert als alles andere.

Ich hatte ganz schlimme Neurodermitis am ganzen Körper, und erst als ich mit sechzehn zu Hause ausgezogen bin, ist das weggegangen. Ich glaube, ich habe manchmal gebrannt, zumindest heute sehe ich das so.

Später dann habe ich in meinem Leben manchmal Rollen übernommen, wo ich mich weiterhin versteckte. Ich war zum Beispiel zehn Jahre lang Großpuppenspielerin. Und die Leute haben mich manchmal gefragt: Warum machst du das? Immer wieder musste ich mich verhüllen. Und das hat sicher viel mit meiner Familie zu tun. Wir brauchen alle eine Liebe, in welcher Form auch immer. Und sogar Freundschaften können eine Zeit lang eine Liebesbeziehung ersetzen, weil sie ganz eng gestrickt sind, weil man sich vielleicht morgens schon nacheinander erkundigt, wie hast du geschlafen, was machst du heute ... Und allein dieses Gefühl von jemandem zu haben ist ganz toll.

Ich glaube ja, dass diese Urliebe als Erstes von den Eltern gelebt werden muss. Hat man das nicht, erfährt man ja das größte Defizit des Lebens. Und auf der anderen Seite verschafft einem genau das eine Tiefe.

Corinna Schönrade, 31, Angestellte bei einer Fernsehproduktionsfirma für Schauspiel, Kostüm, Requisite

Die ewige Suche nach sich selbst

Julia, 28 Jahre, Studentin

»Ich weiß, wie es ist, wenn man immer nach der Liebe sucht, sie aber nicht findet, weil irgendetwas in einem selbst fehlt. Ich hab das Gefühl, ich bin das ganze Leben auf der Suche.«

Julia ist Ende zwanzig und studiert in Köln Bildung und Medien. Mit den Männern hat sie immer Pech, sagt sie und erzählt, dass sie gerade eine Trennung hinter sich hat. Die »große Liebe« sei das gewesen – hatte sie jedenfalls gedacht. Offensichtlich habe sie sich da aber getäuscht.

Er hieß Sebastian. Begegnet ist sie ihm in einer Selbsthilfegruppe. Still, ein Jahr jünger und augenscheinlich gar nicht ihr Typ. »Als ich ihn kennengelernt habe, hätte ich nie gedacht, dass sich da irgendwas entwickelt. Es war kein Gefühl da. Er wirkte innerlich irgendwie … resigniert.« Trotzdem gingen sie aus. Karaoke singen, eine Leidenschaft von ihr. Er machte zarte Annäherungsversuche, sie wich aus, ging auf

Distanz. Aber sein Interesse an ihr brachte sie ins Grübeln. Was hatten die Männer ihres Lebens an sich gehabt, das sie dazu brachte, sich in sie zu verlieben? Selbstbewusst hatten sie gewirkt. Dass sie es hinter der Fassade nicht waren, hat sie immer erst später gemerkt.

»Mein letzter Freund sah nicht so gut aus, der hatte Übergewicht, also eins achtzig und hundertzwanzig Kilogramm. Der hat auf mich so einen selbstbewussten Eindruck gemacht. Mich hat das fasziniert, dass jemand, der nicht so gut aussieht, so selbstbewusst sein kann. Letzten Endes hat sich aber herausgestellt, dass er gar nicht selbstbewusst ist, sondern nur so wirkte. Aufgrund der Schwächen der anderen Menschen hat er sich profiliert.«

Ich suche etwas in dem anderen Menschen, was ich in mir selbst nicht hab.

Bei Sebastian war das anders. Der wirkte nicht selbstbewusst, war also eigentlich nicht ihr Beuteschema. Aber er hatte nach ihren Erfahrungen mit anderen Männern einen erheblichen Pluspunkt: Er war ehrlich, spielte ihr nichts vor.

»Das hat mir was gegeben. Und dann hab ich mich irgendwie verliebt.«

Diesmal waren es allerdings *ihre* Annäherungsversuche, die scheiterten. Er ging nicht darauf ein. Bis sie ihn zu einem Spaziergang am Rhein einlud.

»Ich hatte ihm ein Gedicht geschrieben und hatte mir auch vorgenommen, das vorzulesen. Ich hab's dann auch geschafft. Es war schwer, aber danach war es dann klar. Es war total toll an dem Tag. Er hätte das nie erhofft oder sich vorstellen können, dass ich ihn überhaupt toll finden könnte.«

Ein wunderschöner Tag, dem weitere schöne folgten. Erst mal. Zwei- bis dreimal die Woche sahen sie sich am Anfang. Endlich schien sie jemanden gefunden zu haben, der für sie ein offenes Ohr hatte, mit dem sie über die wirklich wichtigen Sachen reden konnte. Über ihre ständigen Sorgen, ob sie alles richtig mache. Und endlich hatte sie das Gefühl, dass da jemand war, den das auch wirklich interessierte. Doch dann wurden ihre Treffen immer seltener. Bald sahen sie sich nur noch am Wochenende, dann nur noch alle zwei Wochen. Drei Monate ging das so. Julia litt, ihr fehlte Aufmerksamkeit. Auch ihm ging es schlecht. Er sei depressiv, erklärte er ihr, habe Angst, Verpflichtungen einzugehen. Wie lange diese Phase dauere, könne er nicht sagen, offenbarte er ihr eines Tages. Er werde sich in zwei bis drei Wochen bei ihr melden. Das reichte ihr nicht, sie machte Schluss. Doch damit begann ihre Achter- bahnfahrt. Wollte sie nicht mit diesem, *nur* mit diesem Mann zusammen sein? Wenn sie ihn liebte, müsste sie dann nicht bereit sein, auf ihn einzugehen? Lag es an ihr? Julia litt. Und sie setzte sich unter Druck.

»Ich muss das können! Ich muss funktionieren. Ich fragte mich: Wo ist die Grenze zwischen Bedürfnisbefriedigung und Liebe? Das ist für mich nicht klar. Ich suche etwas in dem anderen Menschen, was ich in mir selbst nicht hab. Aber das kann der mir gar nicht geben. Das weiß ich auch.«

Sie wollte mit ihm zusammen sein, egal wie. Sie trafen sich wieder, schön sei das gewesen, aber er hatte Zweifel, hatte Angst, ihre Bedürfnisse nicht befriedigen und deswegen keine richtige Beziehung mit ihr führen zu können. Er ließ nur selten Treffen zu, sie steckte zurück, passte sich an, wollte alles versuchen. Es war ihr wichtiger, ihn überhaupt zu sehen, egal, wann oder wie lange das dauern würde. Aber es war eine Abwärtsspirale.

»Ich wollte das nicht wahrhaben. Ich hab gedacht, das ist kein Problem. Ich hab gedacht: Das ist mein Traummann, das *ist* kein Problem!«

Dann kam der Seitensprung. Ihr Seitensprung.

Sie war abends in der Südstadt unterwegs, hatte Spaß, feierte. Und dann war da plötzlich jemand, der sie ganz offensiv begehrte und ganz eindeutig etwas von ihr wollte. Sie wurde schwach.

»Es hat sich einfach so ergeben. Da gab es einen Moment, da hab ich mich so geliebt gefühlt und so beliebt, und ich hatte auch ziemlich viel Alkohol getrunken, dass es mir in dem Moment egal war. Mir ging es einfach gut.«

Und danach? Ging es ihr schlecht. Schwere Schuldgefühle plagten sie. Wie hatte das passieren können? Sie hatte die Beziehung aufs Spiel gesetzt! Zwei, drei Tage trug sie es mit sich rum. Sollte sie es Sebastian sagen oder nicht? Eine Freundin riet ihr: »Wenn du es dir selbst verzeihen kannst, musst du es ihm nicht sagen. Du willst ja nur, dass er dir die Schuld abnimmt.«

Aber sie selbst konnte sich die Schuld nicht abnehmen. Sie konnte sich einfach nicht sagen: Es ist okay. Es zerriss sie, wenn sie mit ihm zusammen war: Du sagst es. Du sagst es nicht. Schließlich hielt sie es nicht mehr aus und sagte ihm, was passiert war.

»Er hat eigentlich nur Fragen gestellt, hat mir keine Vorwürfe gemacht. Ich saß da und hab geheult und hab gesagt: ›Du musst mir das nicht verzeihen, ich wollte dir das auch eigentlich nicht sagen, ich konnte das aber eben auch nicht verheimlichen.‹ Er hat gesagt, er findet es besser, dass ich das gesagt habe, und wollte von mir wissen, was das für die Beziehung jetzt bedeutet. Und auch, was ich denke, wie es dazu gekommen ist. Meine damalige Erklärung war, aufgrund dieser großen Unsicherheit und der stressigen Lebensumstände, und psychisch ging es mir schlecht. Und in *dem* Moment ging es mir halt gut. Wir sind dann auseinandergegangen, ohne groß noch drüber zu reden.«

Ein paar Wochen später machte er Schluss.

Für Julia ist es eine »extreme Arbeit« an sich selbst, zu erkennen, dass es aus ist. Jetzt ist sie auf der Suche, nicht nach der Liebe, sondern nach sich selbst, und diese Suche macht Julia gründlich. Während unseres Gespräches zieht sie eine Kladde aus ihrer Tasche. Sie hat alles aufgeschrieben, sonst vergisst sie etwas, sagt sie. Und das will sie nicht, vergessen. Sie will lernen und herausfinden, warum es immer schiefgeht. Drei Punkte stehen dazu in ihrer Kladde:

Erstens: Fremdbestimmung. Immer geht es in ihr nur darum, wie eine

Beziehung gesellschaftlich zu funktionieren habe. »Du musst dies, und du darfst nicht das, du musst funktionieren, etwas erfüllen. Und zwar das, was die anderen sagen. Egal, was es ist. Es ist vollkommen von mir abgewandt, es ist fremdbestimmt.«

Bevor man sich selbst nicht liebt, kann man auch keinen anderen lieben.

Zweitens: Das Problem, dass sie einen Mangel an Liebe empfindet und deswegen sehr viel Aufmerksamkeit in einer Beziehung braucht.

Drittens: Sie sucht immer im Äußeren nach der Liebe, nie in sich selbst. »Das ist eine Einbahnstraße. Ich bin mittlerweile zu dem Schluss gekommen: Bevor man sich selbst nicht liebt, kann man auch keinen anderen lieben.«

Trotzdem. Den Glauben an die Liebe wird sie nicht aufgeben. Daran, dass es eines Tages funktioniert. »Es wäre toll, wenn ich einen Traummann hätte, mit dem ich zusammenbleiben würde und mit dem ich alt werden würde. Und mit dem ich einen Garten hätte und 'ne Katze.«

Nicole Roewers

Im Zug

Zwei junge Studenten im Gespräch über Leben und Studium.

Erster Student:
Ich freue mich so auf zu Hause. Meine Frau und meine kleine Tochter zu sehen. Ich freu mich jedes Mal furchtbar. Es ist so schön, nach Hause zu kommen. Das hätte ich mir früher nicht vorstellen können, dass ich mich so darauf freuen könnte. Ich bin froh, wenn mein Studium zu Ende ist.

Zweiter Student:
Echt? Ich find's an der Uni super.

Das Telefon klingelt.

Erster Student:
Hallo, Schatz, ja, ich bin gleich zu Hause, und du, bist du da, ach, du gehst jetzt zu Ikea? Nein, warte nicht auf mich, Schatz. Geh nur allein, ich lerne dann in der Zeit. Oder soll ich schon mal was vorbereiten? Kochen? Du gehst mit Dörthe? Nein, ich will nicht mit, Schatz. Das schaffe ich nicht rechtzeitig. Ich muss auch nicht. Und schon gar nicht mit Dörthe. Geh du nur. Ich koche uns schon mal was. Ja, tschüss, Schatzi. Ach, Schatzi, Schatzi, Schatziiiii!!! Bring eine Jalousie mit, ne! Tschüss, Schatzi, bis nachher.
(Er legt auf, lehnt sich zurück.)
Yeah, sturmfrei!

»Ich schwöre«

Markus, 31 Jahre, Außendienstmitarbeiter

Plötzlich war sie da. Sie hieß Jessica, sah blendend aus, hatte eine tolle Ausstrahlung und schleppte Farbeimer in die Wohnung gegenüber. Sie war seine neue Nachbarin. Allerdings zog sie nicht allein ein, sondern mit Mann und zwei Kindern.

Markus traf sie in den darauffolgenden Tagen immer mal wieder vor der Haustür, half ihr mit den Einkaufstüten. Sie hatten sofort einen Draht zueinander, freundeten sich an, verstanden sich gut. Markus hatte berufsbedingt zu dieser Zeit wenig zu tun, Jessicas Mann war ständig weg. Sie gingen gemeinsam einkaufen, tranken Kaffee zusammen, kamen sich näher, unternahmen etwas mit den Kindern. Mehr nicht, denn er respektierte ihre Ehe, auch wenn er ihren Mann nicht ausstehen konnte. Dazwischenzufunken kam für ihn nicht in Frage. Er kämpfte gegen seine Gefühle, sie gegen ihre, bis sie nicht mehr konnte und ihm ihre Liebe

»Das geht doch nicht!«, war das Erste, was er auf ihr Geständnis sagte.

gestand. – Verheiratet, zwei Kinder und verliebt in ihren Nachbarn.

»Das geht doch nicht!«, war das Erste, was er auf ihr Geständnis sagte. Total doof findet er diese Reaktion heute. Aber damals setzte er noch einen drauf: »Das geht *überhaupt gar nicht*!«

Und dabei blieb es. Sie redeten jeden Tag darüber. Er empfand auch viel für sie, aber er hatte seine Prinzipien. »Solange der Typ da ist, geht das nicht.« Er wollte keine Familie auseinanderreißen. Was er nicht wusste, war, dass diese Familie schon seit einer ganzen Weile gewaltige Probleme hatte.

»Eines Abends saß ich bei mir im Wohnzimmer am Rechner. Da hörte ich plötzlich, wie hinter mir irgendwas an die Wand geklatscht wurde, hörte Geschrei, Gebrüll, dachte, was geht den jetzt ab? Ich bin dann rüber, hab geklopft, da machte sie die Tür auf, tränenüberströmt, ich hab gefragt: ›Alles in Ordnung mit dir? Was läuft denn da?‹

Sie: ›Alles in Ordnung.‹

Ich: ›Du heulst doch, natürlich ist nicht alles in Ordnung. Soll ich mal reinkommen?‹

Sie: ›Nee, ist schon gut.‹«

Natürlich war gar nichts gut. Jessicas Mann war gewalttätig geworden, und das nicht zum ersten Mal. Dann ging alles ganz schnell. Sie reichte die Scheidung ein, er zog aus. Markus half ihm sogar noch, seine Kartons in den Lkw zu laden. »Da hab ich einen Riesenspaß dran gehabt. Er wusste nichts, nicht, dass die Gefühle füreinander so sind und dass wir nur darauf warteten, dass er weg ist.«

Fünf Jahre lebte er mit Jessica zusammen. Mit den üblichen Höhen und Tiefen, aber überwiegend glücklich. Sie waren eine richtige Familie, er ging auf in der Rolle des Ziehvaters für die beiden Töchter. Bis zu dem Tag, der ihr Leben völlig verändern sollte. Es war der Tag, an dem Markus einen schweren Autounfall hatte.

»Ich war auf der Autobahn unterwegs zu einem Kunden. War schon spät dran, also fuhr ich schnell. Jessica und ich hatten ein paar Minuten vorher noch telefoniert und uns gestritten, ich weiß nicht mehr, warum, es war eine totale Kleinigkeit, eine Lappalie, aber sie war richtig giftig geworden, ich weiß noch, dass ich dachte: Dumme Nuss, als ich auflegte. Und dann, ein paar Minuten später, war ich weg.«

An den Unfall kann er sich nicht mehr erinnern, nur dass es plötzlich dunkel um ihn wurde. Die Polizei rekonstruierte, dass jemand von der mittleren Spur ausgeschert war. Markus war mit knapp hundertachtzig Stundenkilometern auf der linken Spur unterwegs, wich aus, knallte in die Leitplanke, überschlug sich zigmal, kollidierte mit einem Lkw, wurde durch die Luft geschleudert und blieb schließlich auf dem Dach mitten auf der Autobahn liegen. Der Unfallverursacher war verschwunden, eine Fahrerflucht, die bis heute nicht aufgeklärt werden konnte. Markus'

Glück war, dass er ein stabiles Auto fuhr, einen neuen Firmenwagen. Trotzdem musste er aus dem Wrack geschnitten werden. Es dauerte ewig, bis er schließlich mit einem Rettungshubschrauber abtransportiert werden konnte.

Als die Polizei bei Jessica anrief, um ihr mitzuteilen, dass er einen schweren Autounfall hatte, bekam sie einen Nervenzusammenbruch. Das Schlimmste sei der Streit wenige Minuten vorher gewesen, sagte sie später. Was, wenn sie nie wieder mit ihm hätte reden können?

Tagelang lag Markus im künstlichen Koma, kämpften die Ärzte um sein Leben. Jessica war täglich bei ihm, kam pünktlich morgens um acht, ging oft erst am frühen Nachmittag. Als er aus dem Koma aufwachte, war sie da. Auch in der Zeit danach, bei all den Operationen, die noch anstanden, und in der Zeit der Rehabilitation wich sie nicht von seiner Seite. »Das war die beste Zeit, die wir je hatten.« Sie waren sich so nah wie nie.

Aber als er dann ein halbes Jahr später entlassen wurde, kam es zur Krise. Er litt noch immer unter starken Schmerzen, war angespannt und längst noch nicht der Alte. Doch ihre Kraft war erschöpft. Sie trennte sich.

Ein Schlag für Markus. Vier Jahre hat er gebraucht, um sich damit abzufinden, dass sie und die Kinder weg sind. Jeden einzelnen Tag hat ihn das beschäftigt, und bis heute, acht Jahre danach, hat er Gefühle für sie. Irgendwann nach diesen vier Jahren sagte er sich: Jetzt muss Schluss sein. Jetzt muss ich mich mal wieder auf was anderes konzentrieren.

»Ich hatte mich zwar vorher auch schon mit anderen Frauen getroffen, aber ich habe nur versucht, mich mit denen abzulenken. Das hat nicht funktioniert, weil ich immer noch zu sehr an ihr hing. Mit den Gedanken war ich noch zu sehr bei ihr. Die Gefühle waren da, sind sie immer noch. Aber ich kann jetzt besser damit umgehen.«

Jetzt sucht er die Frau an seiner Seite. Einen Menschen, mit dem er alles teilen kann. Er sucht sie im Internet, denn das, sagt er, spare Zeit und Mühe. Wenn er abends von der Arbeit nach Hause kommt, setzt er sich noch an den Rechner, klickt sich durch die neuen Vorschläge. Für ihn ist das völlig gesellschaftskonform.

Da draußen in der Disco oder in der Kneipe jemanden kennenzulernen ist viel zu verkrampft. Auf so einer Internetseite weiß jeder genau, worum es geht

»Ich finde das super. Eine Freundin von mir hat mal gesagt: Da müsste ich schon sehr verzweifelt sein! Aber es sind so viele Frauen und so viele Männer, die können nicht alle verzweifelt sein. Da draußen in der Disco oder in der Kneipe jemanden kennenzulernen ist viel zu verkrampft. Auf so einer Internetseite weiß jeder genau, worum es geht.«

Um nichts weniger als die große Liebe geht es. Um den Partner fürs Leben. Um den einen oder die eine. Und alle fünfzig Frauen – bis auf drei oder vier Ausnahmen –, die er bis jetzt getroffen hat, waren ernsthaft auf der Suche nach der großen Liebe. Partnervorschläge gibt es genug. Hundertfünfzig pro Tag spuckt der Computer aus.

Ich frage Markus, wie er dieses Angebot bewältigt, mich würde das vermutlich völlig überfordern. Da gebe es als Erstes das Bild vom anderen, sagt er. Gefällt das, wird aufs Profil geklickt. Beruf, Hobbys, Religion, Sport, Sternzeichen, Einstellung zu Beziehungen … Alles sei auf einen Klick über einen fremden Menschen zu erfahren.

»Man guckt sich das an und denkt: Hey, da sind ne Menge Sachen dabei, die auch bei mir stehen, die mir gefallen. Dann schreibt man die Person an und kommt ins Gespräch. Oder eben nicht.«

Wenn doch, dann schreibt man sich eben ein bisschen hin und her, lernt sich genauer kennen, schneidet irgendwann mal das Thema »Kaffee trinken« an und trifft sich.

Man guckt sich das an und denkt: Hey, da sind ne Menge Sachen dabei, die auch bei mir stehen, die mir gefallen.

»Das ist der erste Moment, die erste Begegnung in 3-D. Dann merkt man, wie sie ist, wie sie sich bewegt, wie sie spricht, wie sie wirklich aussieht, was mit den Fotos manchmal nicht identisch ist. Hab ich selten erlebt, aber manchmal. Von denen, die ich getroffen habe, waren fünf, die nicht mit dem Foto übereinstimmten, was zum Teil wirklich dramatisch war.«

Markus weiß immer sofort, ob er eine Frau wiedersehen möchte oder nicht, manchmal sogar, noch bevor das erste Wort gesprochen ist. Da verlässt er sich ganz auf seine Intuition. Die ja, die nicht. Bis auf wenige Ausnahmen seien alle ganz sympathische Frauen gewesen. Aber das Gefühl, sie wirklich näher kennenlernen zu wollen, hatte Markus nur ganz selten. Und leider sei da nie etwas draus geworden.

Also sucht er weiter. Wonach genau?

Nach einer Frau, die ihn geistig und körperlich anzieht. Die so interessant ist, dass er den nächsten Schritt machen möchte. Die irgendwann mal die Eine für ihn sein könnte. Kompromisse macht er da nicht. Klar, dass man sich erst mal kennenlernen muss, dass auf Neugierde Verliebtheit folgt und erst daraus Liebe erwachsen kann. Aber es muss eben eine Frau sein, für die er alles tun würde. Im Zweifel sogar sein Leben geben. Mit der er sein Ideal einer Beziehung leben kann. »Verständnis ohne Worte«, davon träumt er, eine solche Beziehung ist für ihn das Ideal. Sich irgendwann so gut zu kennen, dass man gar nicht mehr viel reden muss. Dass man sich ansieht und weiß, was der andere denkt oder was er als Nächstes macht. Dass man genau weiß, wie der andere seinen Kaffee haben möchte. Dass es eine Art vorausschauendes Miteinander gibt und die Liebe so gelebt werden kann, dass das Miteinander den anderen keine Mühe mehr kostet.

»Worte sind dann überflüssig, Augen sagen mehr als tausend Worte. Ich konnte in meiner Ex lesen wie in einem Buch.«

Worte sind dann überflüssig, Augen sagen mehr als tausend Worte. Ich konnte in meiner Ex lesen wie in einem Buch.

Aber die Ex ist weg, das Buch zugeklappt. Geblieben ist eine brennende Sehnsucht nach der perfekten Frau.

Ob Heiraten für ihn ein Ziel ist, frage ich ihn und bin überrascht, als er Nein sagt. Die Ehe ist für ihn eine überholte Einrichtung, die höchstens noch dann Sinn macht, wenn Kinder im Spiel sind. Ansonsten: Warum einer Frau einen Ring geben und sie vor Gott und der Welt heiraten, wenn es gefühlsmäßig gar keinen Unterschied macht?

»Ich liebe sie dadurch nicht mehr und nicht weniger. Sollte es aber doch jemals dazu kommen, dann müssen die den Text ändern. Es heißt ja immer: ›Ich will.‹ Das wird es bei mir nicht geben, dieses ›Ich will‹. Ich will auch Millionär werden. Ich will auch mal auf den Mond. Das ›Will‹ ist eine Möglichkeitsform. Nein. ›Ich schwöre‹, müsste das bei mir heißen. ›Ich werde treu bleiben‹, da gibt es keinen Weg dran vorbei. ›Ich will‹ ist ›Ich will, aber die da drüben, die war so hübsch, dann bin ich mal ne Stunde mit der woandershin gegangen. Ich wollte ja treu bleiben, tut mir leid, aber ich wollte eben auch mit der ins Bett.‹ – Nein. Wenn ich mich einmal für eine Frau entschieden habe, gibt es das nicht mehr. Der Text wird geändert.«

Nicole Roewers

Meine Oma hat Arthrose in den Fingern. Das tut weh, und sie kann auch nichts mehr so richtig festhalten. Sie kann sich auch nicht mehr die Zehennägel lackieren, obwohl sie das immer so gerne macht. Das macht jetzt mein Opa für sie, obwohl der auch Arthrose in den Fingern hat. Das ist Liebe.

Jessica, 8 Jahre

Ein ocho für die Liebe

Raquel, 32 Jahre & Ricardo, 41 Jahre, beide Tangolehrer

Er kommt aus Rumänien, sie aus der Schweiz, er ist Informatiker und Nachrichtentechniker, sie ist studierte Germanistin und Kunstgeschichtlerin, er tanzt Tango Argentino, sie tanzt Tango Argentino. Zusammen haben sie daraus einen Beruf gemacht. Von morgens bis abends, durch die Nacht und überhaupt. Alles in ihrem Leben ist Tango. Ricardo hat ihn im Kopf, selbst wenn er im Bett liegt, und Raquel kauft keine Kleider, ohne darüber nachzudenken: »Kann ich damit auch Tango tanzen?« Sie sind süchtig. Süchtig nach dem Einswerden, dem Verschmelzen, nach dem zarten Umarmen. Und glücklich sind sie – darüber, dass sie in ihrer Beziehung etwas haben, das sie zusätzlich zusammenhält. Und wie haben die beiden sich kennengelernt?

»Ganz langweilig. Beim Tango«, sagt Raquel und lacht. »Obwohl er ja lange nicht mit mir tanzen wollte.«

»Stimmt«, nickt Ricardo. *Die* Geschichte sei lustig.

Und sie geht so:

Wir schreiben das Jahr 2004. Zwei leidenschaftliche junge Tangotänzer, Ricardo und Raquel, begeben sich, damals noch unter ihren bürgerlichen Namen Richard und Rahel, in Zürich auf ein mehrtägiges Tangofestival. Hehres Ziel: TANZEN. TANZEN. TANZEN. Beide finden schnell zum Takt, jedoch nicht zueinander. Partout nicht. Eine unbezwingbare Kluft mit Namen »Niveauunterschied« trennt sie. Ricardo, der schon seit drei Jahren Tango tanzt und dabei sehr ehrgeizig ist, will nur mit Frauen tanzen, die wirklich gut sind, ebenbürtig. Raquel, die erst seit einem Jahr tanzt, ist nicht so eine, findet Ricardo: »Ich habe so geguckt und gedacht: Ach nee! Das ist doch nichts.«

Ich habe so geguckt und gedacht: Ach nee! Das ist doch nichts.

Kein Zureden eines gemeinsamen Freundes, der die beiden unbedingt tänzerisch zueinanderbringen will, hilft. Erst nach drei Tagen lässt sich Ricardo doch noch zu ein paar Tanzschritten mit Raquel überreden, nur kurz, wenig erfolgreich und schon gar nicht charmant. »Hat er doch zu mir gesagt: ›Ach, wir hören auf, das bringt jetzt nichts mehr.

Du bist schon so vertanzt«, sagt Raquel. Beide lachen. Es sei von ihm überhaupt kein Interesse da gewesen, sagt Ricardo, zumindest tänzerisch. Anderweitig … also anderweitig habe sich dann schon etwas entwickelt. Aber was? Man rückt näher, redet, findet sich gut und tanzt am Ende doch noch ein bisschen miteinander. Ein bisschen halbherzig. Zu mehr kann sich Ricardo nicht durchringen.

Er seufzt. Was hätte er denn auch machen sollen, sie kam schließlich aus der Schweiz … Er habe immer nur solche Beziehungen gehabt: eine in Berlin, eine in Grenoble, eine mal in Paris. Immer hat er sich in Frauen verliebt, die sechshundert Kilometer entfernt gelebt haben, überall auf der Welt, nur nicht in Köln, seiner Heimat. »Da habe ich gedacht: Nee, ich fang das nicht schon wieder an. Nicht schon wieder so weit weg. Und es geht wieder in die Hose. Und das ganze Geld für Fahren und Fliegen, und es bezieht sich nur auf dieses Wochenende …« Also trennen sich beide zwanglos voneinander. Allerdings nicht für lange Zeit. Schon einen Monat später gibt es in Köln einen Tangomarathon. Raquel reist mit dem festen Vorsatz an, Ricardo auf jeden Fall die kalte Schulter zu zeigen. Was nicht ge-

Ich bin nach Hause gekommen und habe ihm einfach eine E-Mail geschrieben, dass ich mich jetzt verliebt hätte.

lingt. Denn in Köln funkt's auf einmal richtig. Sie tanzen miteinander. Schlafen wenig, so wenig, dass keiner mehr so richtig überlegt, wer wem warum und wie die kalte Schulter zeigen müsste. »Ich bin nach

Hause gekommen«, sagt Raquel, »und habe ihm einfach eine E-Mail geschrieben, dass ich mich jetzt verliebt hätte.« Am nächsten Morgen die große Reue. »Was hast du getan?«, habe sie gedacht. »Du hättest besser eine Nacht drüber schlafen sollen, dann hättest du nicht so was Bescheuertes geschrieben.« Aber Ricardo hat geantwortet, dass es ihm genauso geht. Und alles ist in Butter. »Voll teeniemäßig!«, sagt Raquel.

So weit das Kennenlernen. Das Verlieben. Das Zusammenfinden. Aber das Tanzen?

»Wie war das dann schließlich mit dem Tanzen?«, frage ich.

»Stress«, sagt Raquel. »Es war lange stressig.«

»Ich habe immer viel gemacht«, bestätigt Ricardo.

Das, was er an Figuren und Tanzschritten gelernt hatte, habe er damals halt auch tanzen wollen, doch er hätte es nicht tun müssen. Auch nicht dürfen. Heute weiß Ricardo das auch. Die Grundlage des Tangos sei schließlich die Achtsamkeit. Und so erzähle er nun jedem Schüler, dass man sich am Anfang erst einmal umarmen solle, dann ein bisschen gehen, ein paar ochos, ein Kreuz, gucken, bis wohin einen die Tanzschritte gemeinsam führen, dann: die Grenze spüren. »Und nicht noch eine Figur und dies und das, wenn man sieht, dass die Frau sowieso schon hinterherstolpert.«

»Die ersten Jahre unserer Beziehung ist das Tanzen immer wieder schwierig gewesen«, sagt Raquel. Doch inzwischen sind beide auf einem

Level. »Ich hatte ja Ehrgeiz, ich wollte mit ihm tanzen, und ich wollte, dass er es mit mir am schönsten findet.«

»Und?«, frage ich Ricardo. »Ist es mit ihr am schönsten?«

»Ja«, sagt er. Und noch mehr als das: »Als wir dann zusammen waren, war es für mich total komisch, allein tanzen zu gehen. Es war nicht mehr so schön. Und jetzt ist es ganz schlimm. Wenn ich nicht mit ihr mal getanzt habe, vorher, kann ich mit keiner anderen tanzen. Dann bleibe ich kopfgesteuert und kann nicht entspannen.«

Obwohl er gern mit anderen Frauen tanzt, gebe ihm nur Raquel ein Gefühl, das er brauche, um glücklich zu sein. Dass der argentinische Tango einen süchtig mache, läge auch nicht an der Technik an sich, mehr an der Frage: Warum macht man das, warum will man, dass sich die Technik verbessert?

»Ja, warum?«

Ricardo sagt, ein Tänzer wolle perfekt sein, um eins mit dem Partner werden zu können, das Schöne, Leichte zu spüren. Einmal infiziert vom Tango, war für Ricardo schnell klar, dass er seine Diplomarbeit nur noch der Form halber abschließen würde. Raquel, die erst noch anderweitig beruflich tätig war, hat ein wenig länger gebraucht, ehe sie sich der gemeinsamen Leidenschaft ergeben hat. In ihrem heutigen Leben ist der Tango jedoch wie Kitt geworden, der beide eng verbindet, übend und tanzend und lehrend vierundzwanzig Stunden am Tag zusammenhält und sie zu zwei Menschen macht, die ohne einander nur schwer sein können und wollen. Eine Einheit, im Tango wie im Leben. Ricardo sagt, andere Männer müssten Fußball gucken oder spielen, er wolle einfach nur mit seiner Frau tanzen. Oder anders gesagt: »Würde man den Argentinier fragen: Was bedeutet Tango für dich? Der Argentinier würde sagen: Todo! Alles. Für uns ist das vielleicht auch alles. Ohne den Tango wären wir vielleicht gar nicht hier. Wir haben uns so kennengelernt. Wir leben davon. Wir üben. Tango ist den ganzen Tag. Alles.«

»Ist ALLES nicht ziemlich viel?«, frage ich. Ich kann mir das nicht recht vorstellen.

Könne seine Mutter auch nicht, sagt Ricardo. Ihre Devise sei immer gewesen: Hast du eine Freundin, geh auf Abstand und arbeite niemals in der gleichen Firma. Und er habe gesagt: »Wieso das denn? Ich will aber. Ich will jemanden haben, mit dem ich immer so oft zusammen bin. Und wenn ich das nicht kriege, dann will ich keine Frau.« Vielleicht sei dies auch sein rumänisches Erbe, denn dort seien die Körperlichkeit und das Zusammensein ein anderes. Die Rumänen seien sich näher, hätten nicht so viel Angst vor Berührungen, etwas, das den Deutschen so schwerfalle. Noch bevor er Raquel kennengelernt hat, ist er einmal in Zürich an einem Badestrand gewesen. Der Anblick der Badegäste dort hat ihn gerührt.

»Die Leute waren so süß miteinander, so anders als in Deutschland, so lieb und kuschelig. Ich war total erstaunt und dachte: Haaaahh, eine Schweizerin, das wäre doch … super. Eine Schweizerin hätte ich gern.«

Ein Jahr später bekam er sie, nicht sofort, aber dann doch und genau so, wie er sie haben wollte. Welch ein Glück. Ein Glück auch, dass Raquel ihrerseits keinen Tanzpartner hatte, mit dem sie liiert war. Ihre Mutter hatte nämlich gesagt, mit dem Paartanz solle sie so lange warten, bis sie einen festen Freund hätte, alles andere würde keinen Sinn machen.

»Dann habe ich halt gewartet«, sagt Raquel. Aber es kam keiner.

Und dann hat sie gedacht: »Was soll's, suche ich mir halt einen Tanzpartner, so schwer kann das ja nicht sein.«

So kam Raquel von Zürich nach Köln. Der Liebe und des Tangos wegen.

Vor vier Jahren erfüllten sie und Ricardo sich einen Traum, ihren Tangotraum. Einmal für ein Jahr nach Buenos Aires. Das Eldorado aller Tangoverliebten. Ran an die Wurzel. Ricardo sagt: »Am Anfang denken viele, Tango ist ein Machotanz. Überhaupt nicht. Du musst im Tango so viel Aufmerksamkeit und Vorsicht aufbringen, das hat mit Macho überhaupt nichts zu tun.« Man suche sich in der Berührung, nehme sich wahr, und dann lasse man sich fallen. »Das haben wir in Buenos Aires gelernt, dass die Umarmung der erste Schritt ist.« An diesem Punkt würde sich entscheiden, ob der Tanz zu einer angenehmen Zusammenkunft werde oder nicht. Der Tango als sensitives Orakel von Beziehungen und Begegnungen. Nicht von ungefähr heißt es: Wenn du nach Buenos Aires gehst und lange dort bleibst, kommst du entweder verheiratet oder geschieden zurück. Das mache der Tango. Ein riskantes Ding also. Aber wem kann der Tango schon etwas anhaben, wenn man wirklich liebt?

Eine Fotostrecke, die Ricardo und Raquel aus Buenos Aires nach Deutschland durch den Äther des Internets sandten und auf ihre Homepage stellten, zeige: Es blieb alles im grünen Bereich. Mehr noch: Ricardo und Raquel hatten in Buenos Aires nicht nur ihren Tanzstil gefunden und intensiviert, sie kehrten zur Überraschung aller mit einer kleinen Tanguita im Bauch zurück.

Nun, da ich bei den beiden in der Küche sitze, hat Raquel schon das zweite Mädchen auf dem Arm. Eine Durststrecke liegt hinter ihnen. Mehr Kind als Tango. Mehr zu viert als zu zweit. Aber die Familienplanung ist abgeschlossen, und der Tango, der nur in enger Zweisamkeit gelebt werden kann, darf allmählich wieder mehr Raum und Gestalt annehmen. Es wird sich wieder häufiger schön gemacht. Tangohose, Ringe, Kleid, Schmuck und Schminke: ein Zeremoniell. Die tanzende Zukunft, sie regt sich, gilt, neu erobert und gestaltet zu werden. Unterricht, Workshops, Auftritte. Es gibt viel zu tun. Denn: Der Tango ist nicht nur die zarte Umarmung, die das Leben von Ricardo und Raquel rundmacht, der Tango ist auch ihr Ernährer. Leidenschaft und Arbeit in einem. Arbeit und Liebe, hier untrennbar. Hingabe, sowohl als auch.

Das, denke ich, macht beide so authentisch und das Tanzen mit ihnen so … nein, ich muss das anders formulieren: Seien Sie, lieber Leser, auf der Hut vor den beiden. Wenn Sie herausfinden wollen, was eine zarte Umarmung ist, sind Sie hier absolut an der besten Adresse. Es könnte jedoch passieren, dass Sie hernach längerfristig und verzweifelt dem Tango verfallen und nicht aufhören können, sich danach zu sehnen, ebenso von Ihrem Partner gehalten zu werden wie Raquel und Ricardo das tun. Und das ist … sagen wir: ein hehres Ziel. Der Tango ist kein Pappenstiel, so viel habe ich gelernt.

Und die Liebe auch nicht.

Simone Harre

Nachts um 23 Uhr, Zülpicher Platz

Mann: *Entschuldigen Sie, darf ich Sie was fragen?*
Frau: *Ja, was denn?*
Mann: *Sind Sie von hier? Ich bin nämlich fremd hier. Können Sie mir sagen, wo der Neumarkt ist?*
Frau: *Ja, gehen Sie hier die Straße lang und dann links und dann …*
Mann: *Ah gut, danke.*

(Beide setzen auf ungleicher Höhe den Weg fort.)

Mann: *Es gibt noch nette Frauen.*
Frau: *Was? Noch 'ne Frage?*
Mann: *Es gibt noch nette Frauen.*
Frau: *Ach so!*

(Pause)

Mann: *Und jetzt geht's tanzen?*
Frau: *Nee, nee, ich geh heim.*
Mann: *Das ist auch schön.*
Frau: *Ja.*
Mann: *Solche Frauen wünscht man sich.*

Wie man seine Traumfrau beim Universum bestellt

Kitty GoWild, 33 Jahre, Burlesquetänzerin &
Baron Samedi, 42 Jahre, Musiker und Comedian

Schillernd. Abgefahren. Sexy, grell und witzig. Bunt, ungewohnt, frech. Eine Verwandlung, eine Verführung, ein Spiel mit den Reizen. Das ist Burlesque, und das ist Kitty GoWild. »Kommt alle her und sagt es weiter da draußen, bei uns gibt es jede Menge Liebe!« So wirbt Kitty GoWild alias Jasmin Leclaire für die Show, die »NächstenLiebe« heißt und die sie zusammen mit Baron Samedi alias Matthias Seling alias ihrem Lebenspartner konzipiert hat und im Club Bahnhof Ehrenfeld aufführt. Er moderiert und macht Musik, sie macht die Show, beides jeweils mit Gastkünstlern. Kitty und der Baron verführen in eine glitzernde, magische, schräge und absurde Welt, die fast vergessen ist. In die Welt der Varietés und Sideshows der zwanziger Jahre.

Die beiden haben etwas auf die Beine gestellt. Mit viel Liebe, jedenfalls in der Show. Und privat? Wie sind Kitty und der Baron als Paar im Alltag? Ich weiß nur, dass sie für viele DAS Traumpaar sind. Höchste Zeit, diese beiden schillernden Persönlichkeiten zum Interview zu bitten.

Schillernd ist auch die Geschichte ihrer Liebe, das erfahre ich, als wir in einem gemütlichen Café am Eigelstein in der Sofaecke sitzen. Sie ist sogar ein bisschen mystisch. Oder wie lässt sich rational erklären, dass die von Matthias in tiefer Verzweiflung beim Universum bestellte Traumfrau keine drei Stunden später auf der Matte stand?

Seit sieben Jahren sind die beiden jetzt zusammen. Siebeneinhalb, um genau zu sein.
Matthias: »15. Juli 2005. Es war ein Donnerstag, glaub ich.«
Jasmin: »Es war ein Freitag.«
Matthias: »Ach ja, es muss ein Freitag gewesen sein, sonst hätte es ja die Möglichkeit gar nicht gegeben!«

Die »Möglichkeit« meint in diesem Fall die Gelegenheit, gleich in der ersten Nacht miteinander im Bett zu landen. So etwas vergisst man natürlich nicht. Auch wenn es von dieser Nacht zwei Versionen gibt.

»Version eins«, sagt Matthias, zeigt auf Jasmin und lehnt sich im Sofa zurück. Jasmin rückt nach vorn auf die Sofakante, richtet sich auf und beginnt.

»Alleinerziehende Mutter, abends frei. Ich wollte raus, ich wollte tanzen und Spaß haben.« Zwei Monate vorher hatte sie sich von ihrem Mann getrennt und war mit ihrer Tochter von Aachen nach Frechen gezogen. An diesem Abend nun hatte sie ein Date. Allerdings mit einem »Typ«, der schon betrunken zum vereinbarten Treffen in die Bar im Belgischen Viertel kam. Betrunken und desinteressiert. Der Abend fing also nicht gut an. »Dann kam Matthias rein, die beiden grüßten sich, der Typ stellte mich ihm vor, und ich dachte: Oh Mann, so einer schon wieder.« So einer: Matthias war blass, sehr blass und hatte tiefe, dunkle Augenringe. Trotzdem kamen die beiden ins Gespräch, denn ihr gefielen seine Tattoos. Das Gespräch wurde intensiver. »Dann fand ich ihn doch nicht mehr so kaputt, sondern recht aufgeräumt. Das Gespräch lief dann immer weiter, auch das Bier floss immer weiter, und dann sind wir in die nächste Bar, und dann war klar, dass wir den Abend zusammen verbringen.«

»Zumal ich praktischerweise auch zwei Häuser weiter gewohnt habe«, wirft er ein.

Sie lacht, lehnt sich zurück. »Ja. Dann kannst du das jetzt übernehmen«, sagt sie zu ihm, und er rückt auf die Sofakante vor.

»Version zwei. Im Sommer 2005 war ich ein unglaublicher Hallodri. Aber das hat mir nicht mehr so recht viel Spaß gemacht, also One-Night-Stands und so 'n Sex-Bier-und-Rock-'n'-Roll-Leben zu führen. Am Abend vorher bin ich furchtbar abgestürzt, nach 'nem Auftritt, und mir ist es erst in den späten Abendstunden aufgefallen, dass meine Gitarre fehlt. Und ich hab mir gedacht: So, jetzt muss sich mal ein bissel was ändern, und hab ein Stoßgebet in den Himmel geschickt: Bitte, lieber Gott, gib mir eine sexy Frau, die das Herz auf dem rechten Fleck hat und mit der ich Pferde stehlen kann, und außerdem bitte mach, dass mich jemand anruft und mir sagt, wo meine Gitarre ist.«

Der Anruf kam prompt. Von einer Freundin, einer Köchin aus einem Punkrocklokal. Sie sagte ihm: »Deine Gitarre steht im Sonic Ballroom.« Aha, dachte er, ich war also auch im Sonic Ballroom. Erinnern konnte er sich daran nicht.

»Da hab ich gedacht: Ich hab jetzt zwei Möglichkeiten. Ich kann zu Hause rumsitzen und mich grämen und mir denken: Alles schlimm, du musst dein Leben ändern! Oder du gehst aus in deine Nachbarschafts- kneipe und trinkst zwei alkoholfreie Biere und gut ist.«

Er entschied sich für die Kneipe. Und da saß sie, an der Bar, neben seinem Kumpel, der schon ziemlich betrunken war.

»Eine unglaublich attraktive Frau mit sehr figurbetonter Kleidung, einem Fetischarmband und unglaublich kurzem Rock, der, je mehr sie sich zurechträkelte, immer kürzer wurde. Und ich hab mir gedacht: Bleib du mir bloß vom Leib! Du bist zwar genau mein Beuteschema, aber für dich bin ich nicht gewappnet. So fit bin ich heute nicht! Und dann schaut sie mich auch noch total bös an, weil ich mit meinem Kumpel rede —«

»Ich hatte ja noch Hoffnung!«, wirft Jasmin ein.

»Aber ich wusste, das wird nichts mehr, weil – da kenn ich den männlichen Alkoholkonsum – irgendwann übertrifft die Lust zum einen die Aussicht auf das andere. Und sie schaut mich recht bös an, und mein Kumpel versinkt immer mehr und mehr in seinem Kölschglas. Und dann spricht sie mich an und gurrt so: ›Schöne Tätowierung – wo hast du die her?‹, und fängt an, so vielversprechende eindeutig zweideutige Äußerungen über Schmerzempfinden und Kontakt von Metall auf empfindlicher Haut zu beschreiben und wo das überall auch zu finden wäre, und ich denke: Scheiße, jetzt biste gefangen, aber ich weiß gar nicht, ob ich da heute zu irgendeiner befriedigenden Leistung überhaupt fähig bin!«

Ich hatte ja noch Hoffnung!

Sie redeten und redeten, hatten Spaß, und der betrunkene Kumpel war bald vergessen. Sie zogen eine Kneipe weiter. Da gab es schöne Soulmusik und einen Barkeeper, den Matthias kannte und der die beiden weiter mit hochprozentigen Cocktails versorgte. Bis … ja bis …

»… wir irgendwann bei mir gelandet sind, und das hat sich zu einer unglaublich heißen, vollkommen unverkrampften, total befreiten Nacht entwickelt«, sagt er.

Von der sie dachte, dass es die einzige bleiben würde. Er dachte das nicht. Für ihn fühlte sich das schon da anders an, anders als bei allen

One-Night-Stands, bei denen er immer auch die Flucht im Auge hatte: Wie komm ich hier raus? Fährt noch 'ne Bahn? Wie kann ich die loswerden?

Jasmin dagegen wollte alles, nur nichts Festes. Sie war gerade mal zwei Monate solo, hatte die Schnauze gestrichen voll vom Thema Beziehung und hatte sich mindestens zwei Jahre Singleleben verschrieben. Sie war also ganz frei. Und betrunken, genau wie er.

»Aber so, dass man schon noch alles mitkriegt«, insistiert Matthias.

Eine wirklich wahnsinnig schöne Nacht sei das gewesen, sagt sie. Aber so schön diese Nacht war, so ernüchternd war der Morgen, jedenfalls für Jasmin. Als sie aufwachte, hatte sie einen »monströsen Kater«. Und mit dem ersten Licht des Tages musste sie feststellen, dass sie die Dinge in der Nacht ganz anders wahrgenommen hatte. Die Wohnung war ein einziger Saustall. Und die zighundert Krimis in den Bücherregalen hatte sie ebenso übersehen wie die stattliche Messersammlung. »Hunderte von Messern, in allen Größen und Varianten.« Jasmin bekam Angst. »Jetzt biste doch mal 'nem richtigen Freak aufgesessen!«, dachte sie. »Nichts wie raus!« Auf Zehenspitzen wollte sie sich davonstehlen. Nahm ihre Sachen, anziehen wollte sie sich draußen vor der Wohnungstür, alles egal, nur schnell weg. Doch als sie nach ihrer Handtasche griff, rief er plötzlich: »Halt!«

Er lacht. »Normalerweise, wenn ich merke, dass das Mädel sich davonstiehlt, tu ich so, als ob ich gaaaanz ganz tief schlafe. Und da war es aber so: Ich höre es trapsen, und dieses ganz leise: Hoffentlich weck ich den nicht, und dann hab ich gerufen: ›Halt, Moment, du gehst hier nicht raus, bevor du nicht deine Telefonnummer hinterlässt.‹«

Jasmin: »Und ich dachte: Scheiße, jetzt hat der dich! Schaffst du es bis zur Haustür? Verhalt dich jetzt ganz normal. Ganz normal!«

Halt, Moment, du gehst hier nicht raus, bevor du nicht deine Telefonnummer hinterlässt.

Er bestand darauf, ihre Telefonnummer zu bekommen. Und brachte sie damit ganz schön ins Schwitzen. Einerseits sagte ihr Verstand: Mach, dass du hier wegkommst! Und andererseits war da das Gefühl im Bauch: Der ist schon nett! Also: Richtige oder falsche Nummer aufschreiben? Sie gab ihm ihre richtige Telefonnummer. Und hinterließ eine Postkarte im Briefkasten, die heute noch, siebeneinhalb Jahre später, über seinem Bett hängt.

Eine Begegnung wie eine Fügung. Oder doch Zufall?

Nein, an Zufall mögen beide nicht glauben. Kitty glaubt da sowieso nicht dran, und der Baron in diesem Fall auch nicht. Dafür war das einfach alles zu seltsam, zu untypisch für ihn, was in jener Nacht geschah. Eigentlich bleibt Matthias nämlich eher zu Hause, wenn es ihm nicht gut geht, igelt sich ein und tut sich selbst leid. Dass er in diesem Fall doch noch rausgegangen ist und – nur zur Erinnerung – zwei alkoholfreie Biere trinken und dann wieder allein nach Hause wollte, war völlig ungewöhnlich. Definitiv hat er heute das Gefühl, »leicht in die Richtung touchiert« worden zu sein. In ihre Richtung.

Schließlich hatte er ja auch einen Wunsch geäußert an das Universum. Besser: Er hatte eine Bestellung aufgegeben: Liebes Universum, jetzt schick mir mal 'ne Frau vorbei, aber 'ne anständige!

Matthias: »Ja! Und es ist wirklich so! Die Detailbeschreibung war ja wirklich exakt genau so! Aber der Punkt der Verzweiflung, der muss auch stimmen. Eine Bestellung beim Universum funktioniert ja nur über dieses Loslassen.«

Losgelassen hat Matthias vor allem eins: seine alte Definition von Liebe. Schmerzhaft war die. »Immer mit etwas verbunden, was fehlt, ständig war da eine unerfüllte Sehnsucht. Entweder war ich Geliebter für irgendwelche verheirateten Frauen, oder Frauen, die in einer Beziehung steckten und sich nicht entscheiden konnten.« Anrufen konnte er diese Frauen nur zu bestimmten Zeiten, wurde kurzgehalten. Mit Jasmin kam ein völlig neues Gefühl in sein Leben.

»Es war so komplett unaufgeregt. Ich hab auch erst gar nicht mitgekriegt, dass ich verliebt war. Verliebtsein hab ich immer nur mit Schmerz oder Entzug in Verbindung gebracht, aber nicht mit so einer gütigen entspannten Präsenz. Ich hab immer gedacht: Bin ich überhaupt verliebt? Es tut überhaupt nicht weh! Ich kann da zu jeder Tageszeit anrufen! Und manchmal hab ich keinen Bock anzurufen, manchmal hat sie keinen Bock. Ist das denn Liebe? Für mich ist es ein eher ruhiges, beruhigendes, entspanntes Gefühl und eben nicht mehr – und das musste ich auch lernen – so ein wahnsinnig panisch aufgekratztes Ding. Und das kommt mir viel mehr entgegen.«

Kein Drama. Kein Inszenieren. Kein Demnächsten-Kick-Hinterherhecheln.

»Bei uns Jungs läuft das doch oft genauso, die sagen immer: ›Ach, ich kann keine Beziehung führen: Meine Ex! Und meine Eltern! Und ich weiß nicht, was passiert ist damals im Kindergarten, da war es schon so schlimm! Und ich muss jetzt weitergehen, und ich brauch jetzt meine Freiheit.‹ Alles Bullshit! Also, man kann sich eine Beziehung auch so einteilen. Ich hab jetzt mehr Freiheiten, als ich in meinem Singleleben gehabt hab.«

Ich hab jetzt mehr Freiheiten, als ich in meinem Singleleben gehabt hab.

Freiheit. Auch für Jasmin bedeutet Liebe genau das: Freiheit. Da jeder der beiden seine eigene Wohnung hat, gibt es auch genug Freiraum und die Chance, sich genau dann zu treffen, wenn es für beide passt. Und wenn es nicht passt, ist das auch okay. Beide haben den Anspruch, dass der andere freiwillig zu ihnen kommt, nicht unter Druck, und da beide auch gern allein sind, können sie sich gegenseitig diese Freiheit geben.

Da ist es für Jasmin auch kein Problem, dass der Baron als Comedian oft auf Tour ist.

»In der Zeit habe ich mehr Zeit für mich. Und wenn man Zeit für sich hat, kommt man mehr zu seiner Mitte, und wenn man mit sich im Reinen ist und alles so sortiert hat, dann ist man ja auch wieder offener für den Partner.«

Hundertfünfzig, hundertsiebzig Tage im Jahr auf Tour – das braucht eine gute Portion Vertrauen. Schließlich haben auch Comedians Groupies. Und bei denen hat Matthias früher nicht Nein gesagt: »Wenn du in einer anderen Stadt bist und du die Wahl hast zwischen Hotelzimmer, Hotelbar, Langeweile oder lustig in irgendeiner Studentenbude aufzuwachen …«

Doch das ist vorbei, da ist sich Jasmin sicher. »Wenn er doch weiß, was auf dem Spiel steht, dann wird er's nicht machen«, sagt sie überzeugt. Volles Vertrauen.

Und das hat Matthias auch: »Ich meine, mein Gott, bis jemand in der Kiste landet, da sind so viele Entscheidungen! Also bis man die Hosentür aufmacht oder als Frau den Schlüpper runterzieht, da sind so viele Entscheidungen dazwischen, da bin ich recht entspannt.«

Auch wenn sie auf der Bühne steht und einfach wahnsinnig sexy rüberkommt. Wenn sie in ihren Showacts alles einfließen lässt, was sie mag und was sie beschäftigt, auf eine humorvolle, kreative und natürlich erotische Art. Wenn sie mit den Reizen spielt, mit der Weiblichkeit.

Trotz der Shows, trotz des Spiels mit der Erotik, trotz seiner Groupies und der Zuschauer, die sie während ihrer Shows anschmachten, trotz oder gerade deswegen gibt es eben Grundsätze, die den beiden heilig sind, die, wie sie sagen, der Schatz ihrer Beziehung sind: Treue, Zusammenhalt und Loyalität. Sich nicht ständig ein Hintertürchen offenzuhalten, sondern Rückgrat zu zeigen, Charakter.

Matthias: »Das klingt ein bisschen altmodisch, aber wir haben den Begriff des Ehrgefühls. Das ist uns sehr wichtig, Ehre. Die Überzeugung der Tat, die Überzeugung der Einstellung und die Überzeugung für die eigenen Lebensentscheidungen.«
Jasmin: »Den Anspruch teilen wir. Ganz bewusst. Auch, weil wir immer wieder feststellen, dass leider längst nicht jeder Rückgrat hat und Verbindlichkeit und Loyalität in Beziehungen lebt.«

Übrigens wollen die beiden heiraten. Eilig haben sie es damit nicht, sie wollen es tun, wenn sie sechzig sind, altersmäßig etwas näher dran am Bild des Händchen haltenden Ehepaars, das auf der Parkbank sitzt.

Matthias: »Wir wollen so sein! Ich trag schon die Klamotten …«
Jasmin: »Ich trag schon die Brille!«
Beide lachen.
Matthias: »Das ist schon was, so gemeinsam dasitzen und Tauben füttern,

und du würdest mir die letzte Zigarette, die ich am Tag rauche, die EINE, noch verbieten. Das ist schon so ein Idealbild, dieses Händchen haltende Ehepärchen.«

Jasmin: »Was sich aber auch gerne anzickt!«

Wieder lachen beide.

Romantisch. Oder?

Eher nicht, so die einhellige Meinung.

Jasmin: »Also, ich bin eher realistisch und bodenständig.«

Matthias: »Ich glaube, unsere Romantik liegt eher in der Mülltonne. Ohne rote Rosen und ohne dass man das bewusst macht. Wie in einem Tom-Waits-Song, mit einem Totenkopfring aus dem Kaugummiautomaten.«

Jasmin: »Ja, der Matthias kommt in der Nacht sturzbetrunken nach Hause und spielt mir dann noch einen Song vor, und ich bin zu Tränen gerührt. Es sind halt andere Farben als die übliche Romantik.«

Also nicht rosa. Das hätte auch überhaupt nicht zu den beiden gepasst. So zwei, denke ich, als ich von dem Interview nach Hause gehe, müssen sich auch erst mal finden. Die so gut zusammenpassen. Die sogar gemeinsam auf der Bühne stehen. Viele Shows wollen sie noch zusammen machen, daran gibt es keinen Zweifel. Schön sei es, während der Show seitlich hinter der Bühne zu stehen und die glänzenden Augen des Publikums und der Künstler zu sehen, sagt Jasmin. »Das ist der Moment, in dem der Baron Samedi und Kitty GoWild sich anschauen und wissen, dass sich ›NächstenLiebe‹ toll anfühlt.«

Vielleicht hat Matthias recht, vielleicht hatte hier tatsächlich das Universum seine Finger im Spiel. In gewisser Weise hat es nämlich auch bei Jasmin eine Bestellung eingelöst, die sie allerdings schon vor langer Zeit aufgegeben hatte. Als sie klein war, war sie nämlich schwer in Jerry Lewis verliebt. Sie fand ihn lustig, wollte ihn sogar heiraten. Seitdem steht sie auf Comedians, hat in ihrem Leben viele Comedys gesehen und sich immer vorgestellt, einen solchen Mann zu haben. Einen mit Humor, denn das fand sie immer wahnsinnig sexy. Und dann kam Matthias. Einfach so, und wurde ihr als Comedian vorgestellt.

Wer weiß, vielleicht hat das Universum in diesem Fall sogar zwei Wünsche erfüllt.

Nicole Roewers

Liebe??? Ein einziger Scheißhaufen!

Männlich, 44 Jahre, anonym

Ein kleines bisschen Arschloch

Marco Hall, 37 Jahre, Chemikant

Marco: »Jede Frau hat irgendwann in ihrem Leben mal davon geträumt, ihrem Traumprinzen zu begegnen und dann in Weiß zu heiraten …«

Ich: »Und du? Hast du nicht davon geträumt, der Traumprinz zu sein?«

Marco: »Ich bin für jede der Traumprinz!«

Wir müssen beide lachen.

Ich: »Darf ich das zitieren?«

Marco: »Klar!«

Ich: »Gut. Ich kann mir vorstellen, du hast es nicht so wahnsinnig schwer bei Frauen, oder?«

Er überlegt. Lange. Dann:

Marco: »Ich glaube, ich hab's wahnsinnig schwer *gehabt*. Früher war das so, dass ich ganz schnell immer der gute Freund war. Und das

Ich bin für jede der Traumprinz!

ist ein Status, aus dem kommt man so gut wie gar nicht mehr raus. ›Du bist ganz toll, aber …‹«

Ich: »… du bist so nett!«

Marco: »Genau! Nett ist die kleine Schwester von scheiße. Heute fällt es mir leichter.«

Ich: »Ach so. Also 'n bisschen Arschloch sein, und schon klappt's?«

Marco: »Ja. Schon. Aber ich KANN halt nicht so richtig Arschloch sein. Ich bin halt … zu nett. Ich hab nie verstehen können, warum die tollsten Frauen den größten Arschlöchern hinterhergelaufen sind. Das hat nie wirklich in mein Weltbild gepasst. Aber ich glaube, man macht sich interessanter, wenn man nicht immer der liebe brave Kerl ist, sondern mal so 'n bisschen den Macho raushängen lässt. Das Arschloch in sich weckt.«

Ich: »Was für eine Art Arschloch?«

Marco: »Das ist so … das Männliche … so: ›Bei dem muss ich arbeiten, um ranzukommen.‹ Hey, aber bei mir muss man nicht arbeiten, da muss man nur nett sein!«

Ich: »Ist vielleicht viel zu einfach!?«

Marco: »That's the problem, ganz klarer Fall!«

Der Mann, der gern ein bisschen Arschloch sein würde, heißt Marco Hall. Ich habe ihn auf einer Party kennengelernt. Er ist siebenunddreißig, sieht gut aus und ist, sorry, wirklich einfach total nett, einen »Arschloch-

Faktor« würde ich bei ihm nicht vermuten. Aber wer weiß, vielleicht hat er den nur gut versteckt.

Wir sitzen am Rheinufer, in der Nähe der Zoobrücke, ganz unten am Wasser auf den Steinen. Es ist regelrecht romantisch. Ausflugsschiffe dümpeln an uns vorbei, das Wasser glitzert in der Sonne, über uns am blauen Himmel ziehen die Gondeln der Seilbahn von einem Ufer zum anderen. Marco Hall ist aktuell Single, und über die Liebe hat er viel zu erzählen. Weil er schon viel erlebt hat. Er ist eher der »Kurze-Beziehungen-Typ«, sagt er. Zwei bis drei Jahre, länger hielt es bisher nicht. Und jedes, wirklich jedes Mal hatte er geglaubt, die große Liebe gefunden zu haben. Sogar verlobt war er schon mal, ist aber abgesprungen. Anderthalb Jahre ist das her, und jetzt will er erst mal lernen, sich selbst wieder zu lieben. Denn ohne dass man sich selbst liebt, kann eine Beziehung nicht funktionieren, meint Marco. »Das ist eine Bürde, dem Partner aufzuerlegen, für beide zu lieben. Wenn man mit sich selbst da nicht im Reinen ist, kann man das auch nicht weitergeben.«

Die Liebe, sagt er, sei ein großes Stück Freiheit. Eine Art Freiraum, in dem man Zeit fürs Herz habe, in dem man alles andere auch mal außen vor lassen könne. Liebe sei auch Erfüllung. »Liebe hat leider auch immer mit Schmerz zu tun. Oder nicht immer, aber oft.«

Bei Marco war es direkt die erste große Liebe, die diesen Schmerz verursacht hat. Eine Frau, die ihm »ganz, ganz schwer« das Herz gebrochen hat. Lange hatte er daran zu knabbern, sieben, acht Anläufe, sie zurückzugewinnen, hat es gegeben, über insgesamt zehn Jahre. Immer wieder dachte er: Sie ist es! Immer wieder hatten sie sich aus den Augen verloren, immer wieder suchte er den Kontakt, wollte wissen, wie es bei ihr lief. Dabei ging es ihm in Wirklichkeit nur darum herauszufinden, ob aus ihnen beiden nicht doch noch mal etwas werden könnte. Konnte es aber nicht.

Dann gab es da noch seine heimliche Jugendliebe, die er plötzlich mit weit über zwanzig wiedertraf. An einem kalten Tag am Rheinufer in Porz funkte es zwischen den beiden, und plötzlich war es da, das ganz, ganz große Gefühl. Es regnete in Strömen, sie gingen spazieren, Händchen haltend, mit dem absurden Gefühl, zum ersten Mal überhaupt verliebt zu sein, Kribbeln im Bauch, der erste Kuss, ein »ganz zauberhafter Moment«, denn ein Jugendtraum wurde wahr. »Das war der Hammer!« Ein schöner Anfang, aber eine dauerhafte Beziehung ist daraus nicht geworden, dafür wohnten die beiden zu weit voneinander entfernt. Er in Köln, sie in München, auf Dauer ging das nicht, er musste sie loslassen.

»Das ist ein ganz wichtiger Teil in der Liebe, der einem viel geben kann, wenn man loslassen kann. Natürlich kann man versuchen, Vergangenes zurückzuholen, aber wenn man ehrlich ist, ist das immer schwierig. Deshalb ist das wichtig, dass man sich sagen kann: Hey, das macht dich kaputt, du hängst da nur noch dran, so sehr, dass sich alles nur noch um die verlorene Person dreht. Und da muss man sich selbst sagen: bis hierhin und nicht weiter.«

Bis hierhin und nicht weiter ging es viele Male. Es gab viele Trennungen in seinem Leben. Und ganz oft das Gefühl: Das ist es.

Am Anfang, sagt Marco, sei er immer ganz intensiv verliebt gewesen, jedes Mal. Und wenn sich daraus dann mehr entwickelt hat und er glaubte, mit diesem Menschen eine Zukunft aufbauen zu können, dann wurde aus der Verliebtheit die Gewissheit: Das ist die große Liebe.

»Für mich ist es so, dass nicht nur das Gefühl wichtig ist, sondern auch die Einstellung zu dieser Beziehung, und dass das dieses Verliebtsein einfach auch ablöst, weil man dann anfängt, Pläne zu schmieden, weil das über dieses: ›Hey, wir sehen uns nächste Woche, ich freu mich‹ hinausgeht. Das finde ich schon sehr wichtig, die Wir-Planung.«

Ein großartiges Gebilde sei sie, die Liebe, aber eben anfällig. Hunderttausend Kleinigkeiten könnten sie ins Wanken bringen. Fremdgehen ist ein ganz großes Thema, Heimlichtuereien, Unehrlichkeit überhaupt, der nicht vorhandene Wille, Probleme auszusprechen. Den Vorsatz, mit dem Partner durch dick und dünn zu gehen, findet Marco überhaupt nicht weit hergeholt, weil »Liebe ganz stark mit Vertrauen verknüpft ist. Und das kann nur funktionieren, wenn ich weiß, ich hab da jemanden im Rücken, auf den ich mich hundert Prozent verlassen kann, in jeder Situation meines Lebens, selbst wenn's mir mal schlecht geht, auch wenn's mir gut geht. Dass ich so was teilen kann, das ist extrem wichtig.«

Zu große Erwartungen? Zu konkrete Vorstellungen? Oder warum ist die Liebe im Leben des Marco Hall bisher nie geblieben? Woran ist sie gescheitert? Die Trennungen, sagt er, seien meist von ihm ausgegangen. Irgendwann kam sie bis jetzt immer, die Frage: »Bin ich mit dem zufrieden, was ich hab? Oder will ich mehr? Hat mir das Gefühl, diese Sicherheit, die ich da jetzt verspürte, gereicht oder eben nicht? Und viel zu oft bin ich da zu dem Schluss gekommen, zu sagen: Nein, das reicht nicht. Es funktioniert nicht.«

Immer auf der Suche? Nie vollkommen zufrieden? Er sei wohl etwas vorbelastet durch die Scheidung seiner Eltern. Sieben war er da, und eine perfekte Familie sei für ihn auseinandergebrochen. Immer wieder, wenn es bei ihm nicht so lief, wie es laufen muss, um »ewig zu halten«, habe er sich gesagt: gar nicht erst so weit kommen lassen. Panik kam hoch, und er verabschiedete sich. »Tut mir leid, das funktioniert so nicht, das kann ich mir auf die nächsten Jahre halt nicht vorstellen, ich muss weitersuchen.«

Viel zu oft sei er dabei ein Idiot gewesen, diese Einsicht hat er heute, denn heute weiß er, dass man an den Dingen auch arbeiten kann, ja, sogar muss. Liebe, Vertrauen, Beziehung, das ist mitunter harte Arbeit. »Also, nicht wie auf dem Bau … man muss an SICH arbeiten, FÜR diese Beziehung.«

»Man muss Steine schleppen«, werfe ich ein, »und Stück für Stück etwas aufbauen, insofern ist das doch wie auf dem Bau.«

»Genau! Ich glaube, ich hab's mir damals auch zu schnell zu einfach gemacht, zu sagen, das ist mir jetzt einfach zu viel, ich kann mir das nicht vorstellen, diesen Aufwand jetzt zu betreiben, um mit dir glücklich zu werden, und ich glaube, da habe ich die ein oder andere gute Beziehung mit in den Sand gesetzt.«

Heute möchte er das Thema Beziehung ein wenig gelassener angehen können. Bisher wollte er gleich am Anfang der Beziehung den Grundstein für die Ewigkeit legen. Heute weiß er, dass es so oder so keine Garantie gibt. Wenn es kommt, dann kommt es, wenn nicht, dann nicht. Die Möglichkeiten seien einfach zu vielfältig geworden. Völlig anders als noch bei seinen Großeltern.

»Meine Oma hat meinen Opa geheiratet, und es war klar: Die werden durch den Tod geschieden. Aber das ist heute nicht mehr so. Ich glaube, es ist viel wichtiger, das Hier und Jetzt zu genießen und das zu leben und dafür zu investieren, als zu weit in die Zukunft zu schauen.«

Die Zeit der maximalen Möglichkeiten der Partnerwahl. Mehr gab's nie in der Geschichte der Menschheit, da sind wir

Das finde ich schon sehr wichtig, die Wir-Planung.

uns einig. Und kommen schnell auf das Thema Internet und Partnerbörsen. Auch damit hat Marco Hall seine Erfahrungen. Viele Jahre hat er das gemacht. Und er hält diese Möglichkeit, die Liebe zu finden, für Fluch und Segen zugleich.

»Man hat die Wahl zwischen hunderttausenden Partnern, man trifft sich, findet sich sympathisch oder nicht, wird ein Flirt draus oder nicht, 'ne Bettgeschichte, 'ne Beziehung?«

Und wenn's nicht funkt? Dann fängt man wieder von vorn an und schreibt halt den nächsten zwanzig Mädels. Ein gewisses Suchtpotenzial berge das, sagt Marco, denn darüber könne man sehr viel Bestätigung bekommen. Aber auch »gewaltig auf die Schnauze« fallen, wenn einen das Leben wieder wachrüttelt. Die Profile sorgen dafür, dass man horrende Erwartungen aufbaut, an sich und an die anderen. Man schreibt hinein, was vermeintlich gut ankommt, und liest aus dem Profil des anderen, was man eben daraus lesen möchte. Eine Parallelwelt, die mit dem wahren Leben nicht viel zu tun habe. Marco ist ausgestiegen aus der Internetsuche. Zwar komme man schneller in Kontakt, aber es gehe auch sehr viel verloren. Das zwischenmenschliche Agieren verlerne man, das Flirten, den Zauber der ersten Begegnung, des plötzlichen Ergriffenseins von einem anderen Menschen. Den Blickkontakt des ersten Momentes. Und die Möglichkeit, den Mut aufzubringen, jemanden direkt anzusprechen. Anhand von Gestiken und Bewegungen zu erkennen, was gerade mit dem anderen passiert. »Ich mache ein Kompliment, und sie kriegt dann rote Wangen! Dann weiß ich: alles richtig gemacht!«

Ich mache ein Kompliment, und sie kriegt dann rote Wangen! Dann weiß ich: alles richtig gemacht!

Ob er noch etwas über die Liebe sagen möchte, frage ich ihn am Ende des Interviews. Er muss nicht lange überlegen.

»Die Welt darf nie vergessen, dass Liebe das Wichtigste ist, was es gibt. Der Mensch funktioniert, glaube ich, ohne Liebe nicht. Das klassische Frauen-/Männerbild gibt es ja gar nicht mehr. Meine beste Freundin steht auf Frauen, mein Papa steht auf Männer. Unterm Strich wollen wir alle geliebt werden.«

Schöner Satz, finde ich. Wir beenden das Interview und verabschieden uns. Im Gehen drehe ich mich noch mal um. Wie war das jetzt mit dem Arschloch? Ich würde sagen, da ist weit und breit nichts von zu sehen.

Nett ist eben doch nicht die kleine Schwester von scheiße.

Nicole Roewers

Mein Mann und mein Hund, das sind die einzigen beiden, die ich überhaupt nicht einschätzen kann. Ich kenne sie ja, aber ich blicke nicht hinter ihre Fassaden. Die bleiben mir ein ewiges Rätsel, und gerade deswegen lieb ich sie so.

Greta, 31 Jahre, Krankenschwester

Das Sexperiment

Annette Meisl, ewige 39 Jahre,
Inhaberin der Zigarrenmanufaktur La Galana

Eine Frau, fünf Männer. Gleichzeitig, zwei Jahre lang. Das ist das Projekt der Annette Meisl, und darüber hat sie ein Buch geschrieben. »Fünf Männer für mich. Ein Sexperiment«. Ich lese davon in der Presse, die sich auf sie gestürzt hat, und finde ihr Projekt spannend für unseres, denn Annette Meisl ist Kölnerin.

Wie geht das, fünf Männer gleichzeitig? Und warum tut sie das? Ich bin gleichermaßen fasziniert und alarmiert, finde das ausgesprochen cool und befremdlich zugleich, sicher irgendwie anstrengend und eine organisatorische Höchstleistung.

Was ist das für eine Frau? Ist sie abgebrüht? Nymphomanisch? Ist sie verbittert? Eine, die betrogen wurde und aus lauter Enttäuschung einen beispiellosen Rachefeldzug startet? Oder ist sie einfach frei und »Frau« genug, ihre Art der Lust, ihre Art der Liebe zu leben?

»Selbstschutz, Therapie und Forschungsprojekt« war dieses »5-L-Projekt«, das 5-Liebhaber-Projekt, für sie. Das sagt sie mir, als wir uns in ihrer Zigarrenmanufaktur in Ehrenfeld treffen. Es duftet nach Tabak, der kleine Laden ist mit dunklen, schweren Holzmöbeln ausgestattet, ein gemütliches Sofa steht darin, eine kleine Bar. Zwei Mitarbeiterinnen sind anwesend, beide mit starkem spanischem Akzent. Jawohl, Annette Meisl produziert, verkauft und raucht Zigarren. Passt ins Bild einer Männer verschlingenden Verführerin? Oberflächlich betrachtet, sicher. Nur dass diese ausgesprochen attraktive und sympathische Frau gar keine derartige Verführerin ist, sondern tatsächlich vielmehr: eine Forscherin, die die Liebe oder das, was wir dafür halten, in einem beispiellosen Experiment auf den Prüfstand stellt. Sie will der Sache auf den Grund gehen, gründlich, auch wenn's wehtut.

»Monogamie gibt es nicht.« Das sagt sie schon ziemlich am Anfang unseres Gesprächs, sie haut es mir um die Ohren, und ich muss schwer schlucken. Aber sie ist davon überzeugt. »Das ist meine Erfahrung.« Ehrlich, schonungslos, authentisch bis in die letzte Pore, so sitzt sie vor mir. Und das, was sie zu erzählen hat, ist es auch.

»Stunde null« nennt sie den Moment, in dem sie erfährt, dass ihr Mann, mit dem sie seit fünfzehn Jahren verheiratet ist, sie seit vier Jahren mit der Schwester ihrer besten Freundin betrügt. Verraten und belogen von dem Menschen, dem sie am nächsten war. Sie erfährt es von besagter bester Freundin, die sich erst wochenlang von ihr ab- und dann in dieser unwirklichen Stunde der Wahrheit in einem Café in Ehrenfeld wieder zuwendet.

Annette Meisl will diese Wahrheit nicht hören, niemand will so etwas hören, aber die Fakten rollen in den folgenden, verzerrt dahintröpfelnden Minuten unaufhaltsam auf sie zu. Wie eine Flutwelle, der sie nicht entkommen kann. Noch Jahre später wird sie sich an Details erinnern, wie bei einem traumatischen Erlebnis.

Als sie ahnt, was da auf sie zukommt, wird ihr plötzlich eiskalt. Ihr kommt es vor, als herrsche um sie herum völliger Stillstand. Sie hört das Ticken einer Wohnzimmeruhr, obwohl da gar keine ist. Das ganze Ausmaß der Enthüllung ist ihr noch gar nicht bewusst, und trotzdem trifft es sie schon wie ein Hammerschlag. Mitten ins Herz. Völlige Hilflosigkeit packt sie und die trotzige Hoffnung, dass sie aus diesem Alptraum erwacht und alles wieder so ist, wie es war.

Aber es gibt nichts, was diesen Moment, diese Wahrheit rückgängig machen kann, Annette Meisl weiß das. Etwas ist unwiederbringlich zerstört, es ist, als hätte sie den Menschen, der ihr am nächsten stand, plötzlich durch einen Unfall verloren. Von einer auf die andere Sekunde ist ihr Leben kaputt, es gähnt das große Nichts, und jeder, der einmal einer solchen Wahrheit ins Gesicht schauen musste, weiß das: So fühlt es sich an, wenn Liebe verraten wird. Nichts war für sie schlimmer, sagt sie später, als der Verrat an ihrer Liebe, die Lüge. Nicht einmal die Beziehung zu dieser anderen Frau selbst.

Ihr Mann wird ins Café geholt, sie stellt ihn zur Rede. Er wirkt »irgendwie genervt«, alles, was er auf ihre Nachfrage sagt, ist ein lapidares »Wir haben eine Beziehung, na und?«.

Wie in Trance holt Annette Meisl ein paar Sachen aus der gemeinsamen Wohnung, die fünfzehn Jahre ihr Zuhause war – und kehrt nie wieder dorthin zurück. Zunächst übernachtet sie in ihrem Büro, ihrer eigenen Künstleragentur, heimlich, damit ihre Mitarbeiter nichts mitbekommen. Dann zieht sie in eine achtzehn Quadratmeter kleine Wohnung, die ihr Rückzugsort wird, ihre Burg.

In der folgenden Zeit erlebt sie viele sehr dunkle Momente, mehrere Zusammenbrüche, Panikattacken, Filmrisse, bis ihr Arzt eine schwere Depression diagnostiziert. Sie kennt sich nicht mehr aus in ihrem Leben. Als sie sich mit ihrem Fahrrad in ihrem eigenen Viertel verfährt und plötzlich völlig verloren neben der Autobahn steht, wird ihr klar, dass sie handeln muss, dass sie rausmuss aus der Opferrolle, der vermeintlich komfortablen Situation, in der die anderen sie bedauern und den, der ihr wehgetan hat, als Arschloch bezeichnen. Das tue zwar gut, sagt Annette Meisl, aber irgendwann kommt der Punkt, an dem es nicht mehr weitergeht. An dem man sich den Schuh anziehen, Verantwortung übernehmen muss. »Verantwortung für diesen Reinfall, für den Zusammenbruch meiner Welt, für diesen Betrug. Ich hab mir den Schuh angezogen, weil ich es hätte merken können.«

Alles, woran sie es hätte merken können, stand in ihrem Tagebuch, das sie schon ein Leben lang führt. Auch in der Zeit, in der sie ihren Mann kennengelernt hat. Sie las es, analysierte es, und plötzlich war alles glasklar: Klar war, dass »der Typ« gewisse Defizite hatte, dass die Anziehung eine rein sexuelle gewesen war, dass da ein Ungleichgewicht war. Trotzdem war sie erst eine Beziehung und dann die Ehe mit ihm eingegangen. Liebe macht blind, sagt Annette Meisl heute dazu, das sei ja nicht umsonst ein ganz wichtiges Sprichwort.

Da sind wir Frauen totale Weltmeisterinnen drin, im Zurechtbasteln.

Und diese Blindheit hat sie während der gesamten Ehe perfektioniert. Ihre ganze Energie, ihr ganzes Sinnen investierte sie in ihren Mann, frei nach dem Motto: Ist zwar klar, dass da einiges nicht stimmt, aber der wird jetzt zurechtgebastelt.

»Da sind wir Frauen totale Weltmeisterinnen drin, im Zurechtbasteln.« Funktioniert aber nie.

Und dann? Nach dem Zusammenbruch? Gab es nichts mehr zu perfektionieren. Gab es keinen Grund mehr, blind zu sein. Nein, lieber stellte sie sich den unbequemen Fragen, die unablässig in ihrem Kopf kreisten. Was ist Liebe? Ich und die Liebe, funktioniert das? Nach der Stunde null? Gibt es Monogamie wirklich? Ist sie notwendig? Gibt es ein anderes System? Und wie soll das Zusammenleben von Mann und Frau in Zukunft aussehen?

Sie wälzt Fachliteratur, durchforstet das Internet. Antworten findet sie viele – und keine. Aber sie will, sie *muss* das für sich wissen. Was wäre, wenn ich auch mal Sex habe, ohne mich gleich zu binden, wenn ich lerne, das zu trennen, wenn ich mich NICHT an einen Mann binde, sondern vollkommen unabhängig bleibe? Das »Projekt« reift. Und mit ihm ein neuer Mensch. Annette Meisl, die Ehefrau, das Mauerblümchen, steigt wie ein Phönix aus der Asche ihres gescheiterten Weltbildes und fasst einen Plan: Sie verordnet sich für zwei Jahre fünf Männer, fünf Liebhaber gleichzeitig. Nie wieder abhängig sein von einem. Nie wieder einem diese Macht geben. Fünf ist gut, fünf ist eine stabile Zahl.

Zur inneren Veränderung kommt die äußere. Die Haare werden blond und noch lockiger, die Nägel lackiert, der komplette Inhalt des Kleiderschrankes entsorgt und neu eingekauft: weibliche, sexy Kleider, kurze Röcke, hohe Stiefel.

»Das hatte was Spielerisches, das hatte was von einer Aufgabe. Das hat mir erlaubt, einfach ganz viel zu probieren. Und es war auch eine Beschäftigungstherapie in dem Bereich, in dem ich auch mehr wissen wollte. Das war 'ne super Therapie für mich. Das kann ich nur empfehlen, in so 'ner Situation so was mal auszuprobieren. Das schützt einen auch.«

Je mehr Fahrt ihr Projekt aufnimmt, desto mehr Menschen erzählt sie davon, weiht vor allem Freundinnen und Frauen aus ihrem Bekanntenkreis ein. Das Feedback ist überwältigend positiv, macht ihr Mut. Viele der Frauen haben ähnliche schmerzhafte Erfahrungen gemacht wie sie.

Das Projekt steht, bekommt einen Rahmen, Regeln: gleiches Recht für alle. Und: absolute Beziehungssperre.

Es kann losgehen.

Die Männer lassen nicht lange auf sich warten. Nummer eins: Bastian. Nummer zwei: Der Opernsänger, ein Mann aus Übersee, es funkt sofort zwischen beiden. Annette Meisl ist hin und weg. »Er sieht aus wie ein Gott, er singt wie ein Gott«, sagt sie ihrer Freundin. Und schon ist sie einen Moment lang bereit, ihre 5-L-Vorsätze über Bord zu werfen. Aber sie bleibt dabei. Sie ist fest entschlossen, alles auf den Kopf zu stellen, was bisher in Liebesdingen für sie galt. Sie will forschen.

Weitere Männer kommen. Manche sind gigantisch, andere nicht. Manche gehen wieder, andere bleiben. Es gibt den Öko mit den Gesundheitssandalen, Jörg, Stephan, Beduinen in der Wüste von Dubai, Schwimmer im Doppelpack in der Türkei. Swingerpartys, Seitensprungbörsen im Internet, Annette Meisl nimmt alles mit. Und bekommt einen Blick hinter die Kulissen. Männer, die in Beziehungen leben und im Internet nach Sexabenteuern suchen. Männer, die frisch verliebt sind, eine Familie gründen und mit Annette Meisl Gruppensex haben wollen. Männer, die ihre ganz eigene Interpretation von Wahrheit haben.

»Ich hab hier im Café oft Männer, mit denen ich diskutiere. In der Gruppe sind die alle ganz treu. Aber wenn ich sie allein frage, und vor allem mit dem Bonbon, sie könnten mich vielleicht haben, hey, jetzt komm, sag doch mal, wir sind doch unter uns, ich bin doch offen, ich hab kein Problem damit. Ich sehe die menschliche Natur nicht als monogam, jetzt sag mal, wie hältst du's? Dann kommt die Wahrheit raus.«

Neunzig Prozent aller Männer gehen fremd, sagt sie. Mindestens. Und meist stecke da gar nichts Gravierendes dahinter. Ihre Frauen, ihre »Nester«, möchten sie in den meisten Fällen jedenfalls nicht verlassen.

»Es wird uns doch immer erzählt: Ha, wenn dein Typ fremdgeht, dann ist was falsch gelaufen. Klar, du bist natürlich schuld! Du hast ihm nicht den richtigen Sex geliefert. Du hast hier zu viel Cellulitis, und die Brust hängt zu viel. Von wegen! Das ist doch Quatsch! Der Typ will einfach gern ab und zu 'ne andere Haut haben. Das ist so. Und dieser Schwur zur Monogamie, das kostet die 'ne wahnsinnige Überwindung, das machen die aus verschiedenen Gründen: weil sie gern das Nest haben wollen, sie möchten die Familie, sie möchten die eine, die sie auf 'n Podest stellen und so weiter. Aber die möchten trotzdem jagen.«

Annette Meisl spielt mit offenen Karten. Sie erzählt sofort von ihrem Projekt, wenn sie Männer kennenlernt. Ganz klar. »Wir können eine schöne Zeit haben, aber exklusiv gibt es mich nicht.«

Ich möchte wissen, wie sie reagiert haben, all diese Männer. Aber eigentlich möchte ich vielmehr wissen, ob auch welche Nein gesagt haben: »Danke, ich bin in einer Beziehung.«

»Hab ich erlebt. Und gar nicht ganz so selten. Es gab ein paar, die gesagt haben: ›Das wäre nichts für mich.‹«

Allerdings ist sich Annette Meisl nie so ganz sicher, aus welchen Gründen das Nein tatsächlich kommt. Männer jagen gern, bleiben dabei aber nicht gern auf der Strecke. Sie beobachtete, dass bei denen, die mitgemacht haben, bald Fragen aufkamen: Bin ich jetzt besser, größer, schneller, bin ich Nummer eins, zwei, drei, vier, fünf? Manche hofften wohl insgeheim doch auf Exklusivität, bei anderen hatte sie das Gefühl, die mussten sich »einen Knoten ins Herz machen«.

Ich muss mich selbst erfüllen, ich kann das nicht von einem anderen bekommen.

Und sie? Was war mit ihrem Herzen? Wie schirmt man das ab, in einem solchen Projekt? Oder hat es sie doch mal erwischt, das Verliebtsein?

Ja. Hat es. Und zwar heftig. Aber ihr sei schmerzhaft klar geworden, dass dieses Verliebtsein das Hungern nach Erfüllung war. Erfüllung durch einen anderen, was eben nicht richtig ist. »Ich muss mich selbst erfüllen, ich kann das nicht von einem anderen bekommen.«

Das Projekt wird zu einem Selbstfindungsprozess, der sie mehrfach an ihre Grenzen bringt. Immer wieder leidet sie unter dem Gefühl, nicht geliebt zu werden, ist auf Liebesentzug, fühlt sich einsam. Und dennoch, der Grenzgang geht weiter, sie zieht es durch und lernt. Etwa, die Dinge auseinanderzuhalten, Sex und Liebe, Verzweiflung und Leidenschaft. Sie hat immer mehr zu sich selbst gefunden. Zu ihrer Stärke, ihrer ureigenen inneren Kraft. Und das, sagt Annette Meisl, mache sie sehr glücklich und zufrieden. Und ja, sie kann differenzieren, hat gelernt, mit einem Mann nur ins Bett zu gehen, weil er da einfach genial ist, und ihn sonst in keinen anderen Bereich ihres Lebens zu lassen. »Das wäre doch bescheuert, wenn ich das nicht mitnähme«, sagt sie. Und für andere Bereiche des Lebens bräuchte sie dann eben wieder andere Männer.

Monogamie ist also Lüge? Zumindest, sagt sie, werde sie der Natur des Menschen offensichtlich nicht gerecht, sei ein gesellschaftlich eingesetztes Instrument, so ihre These. Sicher gebe es eben auch Menschen, die ihre Lust im Griff haben, die sich sagen: Ich verzichte darauf, weil mir diese Beziehung so wertvoll ist. Das gebe es, aber es sei eine Randerscheinung.

Brauchen wir also eine neue Form, eine neue Definition von Liebe, Frau Meisl?

»Ich denke schon, dass da einiges neu definiert werden sollte. Unsere Gesellschaft hat sich verändert, wir leben in einer Singlegesellschaft, in einer mobilen Gesellschaft. Was macht es denn, wenn jetzt einer heute bei mir ist, morgen ist er in New York bei einer anderen. Wem tut das weh, bitte schön? Mal ganz ehrlich? Wem tut das weh? Das muss man natürlich immer für sich selbst beantworten. Aber es gibt so viele Arten von Liebe, so viele Nuancen, da bin ich gerade mal ein kleines Stückchen weitergekommen, um das zu verstehen. Ich denke, Liebe hat auch was mit Loslassen zu tun. Wahre Liebe lässt los. Diesen Satz habe ich entdeckt auf dem Weg.«

Und wahre Liebe – zu sich selbst – hinterfragt. Irgendwann, in jeder Beziehung, komme der Punkt, an dem ein Eheversprechen, das Versprechen der Treue eben, überdacht werden müsse.

»Ist ja in Ordnung, wenn man das irgendwann im Leben in Frage stellt. Aber dann muss man es bewusst und klar in Frage stellen und darüber reden. Ich habe ganz viel zugedeckt bei mir, ich habe meine innere Stimme zum Schweigen gebracht. Das ist der wichtigste Punkt, und das würde ich jeder Frau empfehlen, da mal genau hinzuhören. Ich erfahre immer wieder von Frauen, dass die genau die gleiche Stimme haben. Die ist unheimlich stark. Und wir hauen da drauf und sagen: Halt die Klappe! Intuition, die innere Stimme, die sagt: Was tut mir gut, was tut mir nicht gut? Was ist richtig, was ist falsch? Was ist die Wahrheit, was ist nicht die Wahrheit? Das ist wie ein innerer Kompass. Diese Stimme hat sich bei mir vehement gemeldet. Ich habe sie vehement zum Schweigen gebracht. Und dadurch bin ich fast verrückt geworden. Ich bin fast krank geworden. Ich habe auf jeden Fall viel an mir vorbeigelebt bis zu diesem Zeitpunkt. Und jetzt, durch diesen ganzen Bruch, ist das so wie der Phönix aus der Asche.«

Das Projekt ist mittlerweile beendet, die zwei Jahre sind vorbei. Nicht aber diese Art des Lebens und Liebens. Annette Meisl bleibt dabei. Wie sollte er also ihrer Meinung nach aussehen, der zukünftige Umgang mit der Liebe? Wie leben Männer und Frauen in ein, zwei Generationen miteinander?

»Wenn wir das installieren und in fünfzig Jahren sehen würden, wie es klappt, und dann vielleicht in einer polyamourösen Gesellschaft leben, das ist ja die neue Bewegung, das wird zum Teil auch in Familienformen gelebt.«

Aber das ist ja nicht neu. Das hatten wir doch alles schon. Die Achtundsechziger. Die freie Liebe. Kommunen. Hat auch nicht funktioniert, halte ich dagegen.

»Klar. Weil wir Menschen sind. Weil wir Fehler haben. Ich hatte neulich so eine Diskussion mit polyamourös lebenden Menschen, die sagten, wenn bei uns was scheitert, dann heißt es: Ja klar, weil die polyamourös leben. Aber bei den x Ehescheidungen, die es gibt, da sagt keiner: Ja klar ist das gescheitert, weil ihr monogam lebt. Es scheitert einfach, weil wir Menschen sind. Weil wir uns verändern. Einigen wir uns darauf, dass wir nicht für die lebenslange Monogamie gemacht sind. Ich denke, dass es einfach keine Patentlösung gibt. Das wäre eine große Lüge, wenn ich das sagen würde. Ich finde, das Allerwichtigste ist die Ehrlichkeit, die Offenheit und der Respekt, den man gegenüber seinem Lebenspartner oder seinen Partnern hat. Dann ist alles möglich. Alles. Auch Treue.«

Puh. Da bin ich aber froh.

Nicole Roewers

Im Zug

Telefongespräch eines jungen Mannes, etwa Mitte 20

Hallo, hier ist der Sebastian. Ich wollte mich bedanken für gestern … Na ja, sonst bist du immer so … kalt. Gestern nicht. Ich habe mich sehr gefreut. Sehr gefreut! … Was? Das tut mir leid, ehrlich. Aber verstanden hab ich das nie. Der hat doch gar nicht zu dir gepasst! … Der hat dich doch total benutzt! Das brauchst du doch nicht! … Such dir 'n Anständigen. Einen, der gern arbeitet, der Geld ranschafft … Du brauchst einen, der dich verwöhnt, dir die Welt zu Füßen legt, einer Frau wie dir!

…

Einen wie … wie … wie mich?!

Lieben in der Einsamkeit

Charlotte Börnsen, 41 Jahre, energetische Heilerin &
Holger Börnsen, 46 Jahre, Bankfachwirt

Das Bewusstsein vorausgesetzt, dass auch zwischen den nächsten Menschen unendliche Fernen bestehen bleiben, kann ihnen ein wundervolles Nebeneinanderwohnen erwachsen, wenn es ihnen gelingt, die Weite zwischen sich zu lieben, die ihnen die Möglichkeit gibt, einander immer in ganzer Gestalt und vor einem großen Himmel zu sehen.

Puh, was ein Satz. Und wie schön. Das müssen auch Charlotte und Holger gedacht haben, als sie diese Worte vor zwölf Jahren zu ihrem Hochzeitsmotto und Leitspruch für die gemeinsame Ehe gewählt haben.

Charlotte klappt das gemeinsame Hochzeitsbuch wieder zu. »Toll, ne? Das ist Rilke.« Sie hatte den genauen Wortlaut noch einmal nachlesen müssen. »Und daran arbeiten wir immer noch.« An jenem Miteinander, das so schwer zu gestalten ist. Wie Rilke findet. An dem ewigen

Problem, in einer Beziehung die Freiheit des anderen zu wahren. Für den anderen da zu sein, aber ihn ihn selbst sein zu lassen. Oder wie Holger sagt: »Der Wächter der Einsamkeit des anderen zu sein.« Was auch von Rilke ist. »Sich von dem anderen jeden Tag neu überraschen zu lassen«, fügt Charlotte hinzu. Was … nicht von Rilke ist. Zumindest nicht explizit.

All das gelingt ihnen natürlich nicht immer, aber es macht sie beide aus, es ist ihr gemeinsames Projekt. Im Grunde jedoch, findet Holger, sei Arbeit an einer Beziehung nichts anderes als Arbeit an sich selbst. Besonders, wenn das erste Verliebtsein vorbeigeht, und das ginge nun mal schnell, wird den Partnern bewusst, dass nicht alles Gold ist, was glänzt, dass der andere Eigenschaften hat, die einen stören, dass jedoch die Abneigung gegen genau diese Eigenschaften oft in einem selbst begründet liegt.

»Die Konsequenz daraus, dass zwei Menschen zusammenleben und auch Unterschiede miteinander haben«, fährt Holger fort, »ist halt, dass man Tiefen in der Beziehung erlebt.« Leider sei es in solchen Phasen schwierig, sich richtig anzuschauen, aber gerade dann besonders wichtig.

Und wie machen Charlotte und Holger das?

Ganz einfach, sagen sie. Sie reden miteinander.

Wobei, so einfach ist das natürlich nicht. DAS gerade nicht. »Achtsame

Kommunikation« heißt das Konzept der konstruktiven Auseinandersetzung, das sie beide verfolgen. Meint, man setzt sich von Zeit zu Zeit zusammen und führt sogenannte Zwiegespräche. Inzwischen ein wichtiger Bestandteil ihres Alltagslebens. Denn ohne diese Gespräche, da ist sich Charlotte sicher, würden sie sich verlieren, hätten sie sich längst verloren. Konkret sieht das so aus, dass jeder abwechselnd eine festgesetzte Zeit lang, und ohne kommentiert zu werden, von sich spreche, ausschließlich von sich und von seinen Gefühlen, keinesfalls über den anderen. Sinn und Zweck eines solchen Zwiegespräches: Man macht dem anderen deutlich, was gerade in einem vorgeht, man »schenkt ihm ein Bild von sich«.

Denn ohne diese Gespräche, da ist sich Charlotte sicher, würden sie sich verlieren, hätten sie sich längst verloren.

»Wir können beide relativ schnell hochgehen«, sagt Holger, »sind genervt von dem anderen.« Es gebe bestimmte Punkte, da seien beide leicht zu kriegen. Der erste Impuls ist dann oft, wütend zu sein, zu schreien beziehungsweise zurückzuschreien. Und diesen ersten Impuls der Erregung zu verhindern, darum geht es. Unter Zuhilfenahme der Zwiegespräche versuchen sie darüber hinaus, die notwendige Offenheit zu schaffen, das Bild von sich dem anderen überhaupt übermitteln zu können. Holger sagt, für ihn sei es oft schwierig gewesen, das Kind überhaupt beim Namen zu nennen. Also Dinge zu erkennen, sie in Worte zu packen und dann auch auszusprechen. »Oder ich denke, das ist jetzt eine Lappalie, die anzusprechen blöd wäre.«

Wenn man bestimmte Dinge nicht anspreche, fülle sich ein Fass, und dieses Fass laufe irgendwann über. »Und dann ist es irgendwas, was man dem anderen vor den Kopf knallt, was zu einer Gegenreaktion führt, und dann denkt man schlecht über den anderen, und schon hat man einen Riesenstreit.« Dazu komme, dass im Allgemeinen viele Paare dazu neigen würden, gerade dem Partner nicht zuzuhören. Dieses: »Ja, ja, lass den mal reden!« Es gebe so vieles, was man in puncto Kommunikation lernen könne. Auch das Wort IMMER sei ganz schlimm, also dieses: »Du machst immer …«

Aber das Wichtigste, und eben auch das Schwierigste, dabei ist tatsächlich, dass man nur von sich reden dürfe. Sagen, was man selbst fühlt. »Das ist nicht leicht«, sagt Charlotte. »Frag mal einen Menschen: Was fühlst du gerade? – Ja, ich fühle mich gut. – Was ist denn gut? – Gut halt.« Es geht also darum, ein Gefühl greifen zu können: Bin ich zufrieden, entspannt, zornig? Was bin ich? Das zu benennen muss jeder für sich selbst lernen, aber auch im Sozialkontakt mit anderen. Wichtig sei auch, einfach mal Hilfe von außen anzunehmen, sagt Holger, und die Anregungen, die man da bekommt, dann auch beherzt umzusetzen. Und nicht zu vergessen: bei allem, was man tut, immer darauf achten, dass man es nicht dem anderen zuliebe, sondern mit einer inneren Überzeugung, also für sich selbst macht.

So weit zur Theorie. Ganz frisch und praktisch haben beide auf diese Weise gerade eine große Krise bewältigt. Eine so große Krise, dass nicht klar war, ob sie diese überstehen würden. Beide sind an ihre Grenzen gestoßen. Und beide haben einen Therapeuten zurate gezogen, um sich alte Verhaltensmuster anzuschauen und zu lösen.

Apropos beide … Ich frage, wie lange sie sich eigentlich schon kennen.

»Vierzehn Jahre«, sagt Charlotte.

»Vierzehneinhalb«, sagt Holger.

Mit Zahlen habe er es mehr als sie, kommentiert Charlotte. Was wenig verwundert, wenn man weiß, dass Holger Bankfachwirt ist und in einem Versicherungskonzern arbeitet. Charlotte, ganz anders, ist gelernte Buchhändlerin, geriet dann jedoch über den lang gehegten Wunsch, Hebamme zu werden, an Reiki und über dieses an die mediale Heilarbeit. Was der Körper alles vollbringen könne, das habe sie immer fasziniert und ihr medizinisches Interesse so um das Energetische erweitert.

Ganz schön entgegengesetzte Interessen, finde ich, aber Charlotte sagt, Holger sei ihren Themen gegenüber immer aufgeschlossen gewesen. Das hat es ihr leicht gemacht, auch ihn so zu nehmen, wie er ist. Am Anfang hat sie sich manches Mal gewünscht, dass sie mehr Gemeinsamkeiten hätten. Doch dann wurde ihr klar, dass das Verständnis für ihre Tätigkeit irgendwann von allein kommen würde. Holger nickt und sagt, die Affinität zu ihrer Arbeit sei mit der Zeit gewachsen. Aber es gebe ja noch etwas anderes als das Interesse an ihrer Tätigkeit, nämlich das Interesse daran, wie jemand seinen Weg gehe. »Und ich hatte von Anfang an das Gefühl, dass sie auf dem richtigen Weg ist, mit dem, was sie tut.«

»Und wie habt ihr beide euch gefunden?«, frage ich. »Wie findet der Finanzmensch zur Geistheilerin?« Und vor allen Dingen: »Wo?«

»Im Buchhandel«, sagt Charlotte, »wo ich früher gearbeitet habe.«

Holger war Kunde in dem Geschäft. Häufiger Kunde. Irgendwann hat ihr Kollege sie auf ihn aufmerksam gemacht: »Sag mal, hat dich eigentlich der Typ dahinten schon zum Kaffee eingeladen?« – »Bitte, von wem sprichst du?« – »Na, der, der immer an den Regalen rumlungert, bis du frei bist, um dann DICH anzusprechen.« – »Ahaaa!« Sie hatte das nicht bemerkt. Aber dann hat sie darauf geachtet, und er ist wirklich immer zu ihr gekommen, hat irgendwelche Bücher bestellt und ist dabei »ziemlich entzückend« gewesen.

Aber es gebe ja noch etwas anderes als das Interesse an ihrer Tätigkeit, nämlich das Interesse daran, wie jemand seinen Weg gehe.

»Was hast du denn für Bücher gekauft?«, frage ich Holger.

»Ich habe zu der Zeit Trennkost gemacht und mich auf einen Marathon vorbereitet.«

Wir lachen. Trennkost!

Er habe jedenfalls nichts gekauft, um bei Charlotte Eindruck zu machen, sagt Holger ernst. Er sei damals in einer ganz besonderen Phase seines Lebens gewesen, frisch getrennt nach einer langen Beziehung und froh, allein zu sein. Er habe sich endlich ganz gefühlt und sich damals sehr intensiv mit sich selbst beschäftigt. Daher der erhöhte Buchbedarf.

»Und ich war ziemlich borstig«, sagt Charlotte. »Ich steckte gerade in einer ganz großen Beziehungskrise mit einem sehr egozentrischen Partner.« Außerdem, von einem Kunden angesprochen zu werden, sich gar mit ihm zu verabreden, das war ohnehin so ein Klischee, dem sie absolut nicht entsprechen wollte.

Ansprechen indes ließ sie sich dennoch.

»Und das hat er wirklich sehr charmant eingefädelt«, sagt Charlotte.

»Nämlich?«

»Mit einem Zettel.«

Eines Tages fragte Holger Charlotte, ob sie nicht Lust hätte, einen Kaffee in der Leseecke der Buchhandlung mit ihm zu trinken. Freilich erfolglos. Charlotte ließ ihn abblitzen mit den Worten: »Ich trinke keinen Kaffee.« Und Holger? Als er das nächste Mal ein Buch bestellen wollte, war er besser gewappnet. Mit einem Zettel. Gemeinsam seien sie zum PC gegangen.

»Ich glaube, mit einem Puls von zweihundert«, sagt Holger. »Und als sie gefragt hat, welchen Titel sie eingeben solle, habe ich ihr meinen

Zettel rübergeschoben, auf dem stand: ›Würden Sie mit mir einen TEE trinken gehen?‹« Dann dauerte es ewige fünf Sekunden, in denen Charlotte dachte: »Was soll das denn jetzt? Das war irgendwie total plump!« Aber eben auch irgendwie süß, kurzum, sie sagte Ja.

»Ich konnt's, glaube ich, nicht sagen«, erklärt Holger den Zettel.

»Und ich wusste mir nicht zu helfen in der Situation«, sagt Charlotte. So sei es gekommen, dass sie wenige Tage danach tatsächlich gegen alle guten Vorsätze eine Mittagspause zusammen verbracht hätten. Mehr schlecht als recht allerdings.

»Borstig?«, frage ich.

»Ja. Borstig«, sagt Charlotte. »Und er war so komisch cool.«

»Wie man halt seinen Schutzschirm so aufbaut«, sagt Holger. »Und Charlotte hat so ein Verhalten an den Tag gelegt, wie: Frau von Welt aus Köln muss jetzt ihre Mittagspause mit einem Kunden verbringen …«

»Ich war in einer Beziehung«, verteidigt sich Charlotte. Sie habe sich ja gar nicht zugestehen wollen, dass sie irgendeinen Mann angucke. »Ich war nicht offen, und das wollte ich wahrscheinlich demonstrieren.«

Und doch, ganz so schlimm kann es nicht gewesen sein, denn es folgte ein abendliches Date, zweiter Versuch, und das, DAS sei ganz anders verlaufen. »Stunde um Stunde haben wir uns unterhalten. Da bin ich dann in Konflikt geraten.« Sie hatte zu der Zeit ja noch einen Freund.

Und das machte sie Holger deutlich. Der aber sagte, er hätte sich in sie verliebt, und Freundschaft ginge nicht. »Dann ist er in Urlaub gefahren. Davor hat er mir noch eine Karte ans Auto gesteckt, in der Tiefgarage, wo sonst nur Privatleute reinkommen. Das hat mich beeindruckt, weil mir klar war, der Mann muss hier einiges unternommen haben, bis er irgendwann jemanden überzeugt haben muss, ihm den Schlüssel zu geben, um in die Tiefgarage reinzukönnen.« Aus dem Urlaub hat er ihr dann aber eine unpersönliche »Larifarikarte« geschickt. »Das fuchste mich, das war zu viel Distanz.«

Konfrontiert mit dem Ergebnis der von ihr selbst aufgebauten Distanz und voll neuer Offenheit, denn ihre Beziehung war inzwischen offiziell beendet, verbrachte sie bei Holgers Rückkehr wie zufällig das Wochenende bei sich zu Hause. In der Hoffnung, dass er anrufe.

»Und?«, frage ich. »Kam der Anruf?«
»Der kam«, sagt Charlotte.

Noch am gleichen Abend trafen sie sich. Gingen essen, tanzen und spazieren. »Und nachdem wir die ganze Nacht umeinander rumgeeiert sind und als wir gegen Morgen zusammen auf einer Parkbank saßen, hat er gesagt: ›Na, das war dann wohl unsere erste gemeinsame Nacht.‹« Von dem Moment an sei alles klar gewesen, sagt Charlotte. »So haben wir uns kennengelernt, und dann haben wir ein paar Jahre lang richtig viele tolle Sachen miteinander erlebt, haben so ein richtiges Paarleben geführt.« So lange eben, bis das erste Kind kam.

»Vermisst ihr diese erste Zeit?«, frage ich.

Jetzt vermisse Charlotte sie keinesfalls mehr, sagt sie. Am Anfang sei das mal so gewesen. Die Lebensumstellung sei schon schwierig gewesen. Innerhalb von zwei Jahren brachte sie zwei Kinder zur Welt, die ihr Leben von Grund auf umkrempelten. »Aber für mich war das Kinderkriegen ganz wichtig. Wir haben viel darüber gesprochen, wie wir uns das vorstellen. Und wir haben beide Elternzeit genommen.« Und Holger sagt: »Wenn du zwei Kinder hast und verheiratest bist, kannst du dein Leben nicht gestalten, wie du willst. Und ich habe irgendwann gemerkt, dass man das nicht vergleichen kann.«

Das hat meinem Leben einen Sinn gegeben, den ich vorher nicht hatte.

Mit der Schwangerschaft hat für ihn ein neues Zeitalter begonnen. »Das hat meinem Leben einen Sinn gegeben, den ich vorher nicht hatte.« Eine Familie, Kinder, das sei für ihn nun das Wesentliche. Auch den Kindern ein angenehmes Leben zu schenken, ihnen ein gutes Fundament mitzugeben, damit sie später gut durchs Leben kommen.

»Ja«, findet auch Charlotte, »und um noch mal auf die Liebe zurückzukommen, ich möchte es genau so und nicht anders.« Die Beziehung, die sie beide vor vierzehn Jahren geführt haben, wünscht sich auch Charlotte nicht wieder zurück.

»Wie Holger schon sagte, jede Zeit hat ihre Berechtigung. Von daher ist das, was wir jetzt haben, genau das, was ich mir unter einer gelungenen Beziehung vorstelle. Miteinander und aneinander zu wachsen, aber auch, dass das jeder selbstständig für sich tun kann.«

»Hätte ich nicht schöner sagen können«, sagt Holger.

Und ist sichtlich gerührt.

Und Rilke? Ich habe mal nachgelesen. Ich glaube, er würde sich auch freuen … denn Rilke, Rilke und die Frauen … also ehrlich. Er schrieb Worte aus Gold, meißelte Emotionen unvergänglich in Stein, aber der Hüter der Einsamkeit vermochte er wohl nur auf Papier und auch erst im Nachhinein zu sein. Schade, und doch, andererseits: Was wäre aus uns geworden, all jenen, die ihn so gern zitieren, hätte er seinerzeit schon konstruktive und achtsame Zwiegespräche zu führen gewusst?

Simone Harre

Ich habe eine Schneewittchenfigur an mein Handy gehängt, und da gibt es doch die sieben Zwerge … Wenn ich einen Mann kennengelernt habe, habe ich einen Zwerg drangehängt … Ich habe zu meiner Freundin gesagt: Ich werde sieben Männer kennenlernen. Sieben Zwerge hingen schon dran. Also, wo bleibt der Prinz? Da habe ich mein Handy verloren. Nun ist es weg … egal, war kindisch!

Ji-Hyun An, 27 Jahre, koreanische Sängerin

Der Abschied des Edelfräuleins

Susanne Freitag, 41 Jahre, Angestellte im Kletterwald

Ein Abend im Oktober. Auf einem kleinen Geburtstagsfest bei einer Kollegin vom Kletterwald trifft Susanne auf einen Schreiner mit tiefer Stimme. Sie unterhalten sich angeregt. Mehr geschieht nicht. Schließlich geht Susanne nach Hause. Ende.

Das hätte die Geschichte sein können. Dabei wäre es vielleicht geblieben. Das Schicksal jedoch hatte andere Pläne und rollte seine Fäden noch einmal aus. Es sagte sich wohl: Kein Zeitpunkt ist besser, um dem Traummann zu begegnen, als der, zu dem man eigentlich keinen Mann sucht. Keinen braucht. Keinen will. Punkt null also, denn:

»Ich war ja total zufrieden ohne Mann«, sagt Susanne. »Ich war glücklich mit mir.« Wir sitzen bei mir zu Hause. Susanne ist ziemlich erschöpft von der Arbeit des Tages und braucht noch ein wenig, um sich in das

Thema Liebe einzufinden. Eine gemeinsame Freundin sagte kurz zuvor zu mir: »Susanne ist jemand, die kannst du wahrscheinlich zu allem befragen.« – »Stimmt«, habe ich gesagt. Sie ist eine ungewöhnliche Person. Viel Tiefe, viel Offenheit und große emotionale Weite. Sie hat in ihrem Leben viel Leid konstruktiv verarbeitet und in eine innere Seligkeit transponiert, die einem selten begegnet.

Groß geworden bei elf Pflegefamilien und nur zuweilen bei ihrer lebensmüden Mutter zu Hause gewesen, ist ihr die Abwesenheit von Liebe vertraut. Sie kennt das Kümmern, das allein Durchhalten, das Perfektsein, sie kennt die daraus resultierende Verzweiflung, die Flucht in die Psychiatrie und den Versuch, von einer hohen Brücke zu springen, und dennoch: Heute ist sie, wie es scheint, angefüllt von nichts als Liebe und Leben und Dankbarkeit. Mich verblüfft ihre Erscheinung immer wieder. Jene gemeinsame Freundin sagte auch: »Susanne ist kein Kind von Traurigkeit.« Auch das ist richtig. Selten habe ich jemanden gesehen, dem so schnell die Tränen in die Augen steigen, aber Traurigkeit ist das nicht. Sagen wir mal, es ist Emotionalität und oft auch schiere Freude. Doch zurück zur Geschichte, dem Schicksalsfaden, der an Susanne zog und eigene Pläne verfolgte:

Wenige Wochen nach dem kleinen unscheinbaren Geburtstagsfest grübelte Susanne eines Tages über die Umsetzung einer Waldaktion nach. Ein Waldlehrpfad. Hierfür suchte sie freiwillige Helfer. Sie fragte hier und da, dachte nach, und ja, da war ja noch wer … Thomas, der Schreiner, genau, kleines Geburtstagsfest, neutrale Begegnung. »Ich habe seine Telefonnummer ausfindig gemacht und ihn angerufen«, sagt Susanne. »Was ich aber nicht wusste, ist, dass er parallel schon überlegt hat, wie er mich kennenlernen könnte.« Über ihren Anruf war Thomas daher freudig überrascht und sagte gern seine Hilfe zu. Sie verabredeten sich, um alles Nötige zu klären.

Für sie ein Arbeitstreffen, für ihn ein Date? Nein, nicht wirklich, aber Susanne habe da schon ein bisschen gemerkt, dass er sich sehr wohl in ihrer Gegenwart gefühlt habe – und blockte das ab. »Ich wollte ja keinen Mann.« Aber ganz so unzugänglich war sie wohl auch wieder nicht. Denn: Ein E-Mail-Kontakt entstand. Und als Thomas kurz darauf in Urlaub fuhr, schrieb er ihr, dass er sie am liebsten mitnehmen würde. »Aha?! Hoppala!«, dachte Susanne. »Jetzt muss ich aber echt achtgeben.«

Dann sei Silvester gekommen. Im Wald hat sie chinesische Leuchtballons steigen lassen. »Eine Freundin sagte: ›Wir müssen uns was wünschen, was wünschst du dir denn?‹« Susanne hörte in sich rein. Doch da war nichts. Kein Wunsch. Alles war gut, so, wie es war. Obwohl, vielleicht das:

»Das Einzige, also, wenn was kommen soll, dann ein starker Mann. Einer, der für sich selbst sorgen kann.«

Das habe sie sich gewünscht.

»Dann haben wir das Lämpchen abgeschickt und konnten es ganz lange leuchten sehen.«

An Thomas dachte Susanne dabei nicht. Auch nicht, als er wieder aus dem Urlaub zurück war. Das hat sie ihm auch deutlich vermittelt. Aber Thomas ließ nicht locker. Rief immer wieder an. Fragte sogar, ob sie im Winter nicht bei ihm arbeiten wolle, denn da habe sie doch immer wenig zu tun. »Ja, das passt ganz gut, da kann ich was lernen«, stimmte Susanne zu. »Mach ich!«

Zu jener Zeit hat sie mit ihren Freundinnen einmal ein ganz interessantes Gespräch über Partnerschaft und Sex geführt, darüber, wie man das alles im Alter lebendig leben könne und würde. »Also so die Erwachsenenliebe.« Und am gleichen Abend noch lud sie Thomas zum Tatortgucken bei sich ein. Thomas freute sich und kam vorbei. Sie machten es sich gemütlich, legten sich in Susannes »Muckelecke« und sahen fern. Auf einmal habe er sie so von der Seite angeguckt, sagt Susanne, und ganz spontan gesagt:

»Susanne, ich weiß genau, was du für einen Mann brauchst. Du brauchst einen starken Mann. Ich bin so einer. Und das zeige ich dir.«

Upps, was war das? Susannes Herz bubberte wie verrückt. Der chinesische Ballon! Thomas hatte gerade ihren Wunsch ausgesprochen. Panik.

Erstarrung. Und: schön Tatort weiter fixieren. Dann hat sie ihn vorsichtig von der Seite angeschielt und gesagt: »Sag mal, küsst du eigentlich gern? Und er: »Jaa. Lass uns das mal probieren.« Und sie: »Nöö!« Da sei Thomas dann doch ein bisschen enttäuscht gewesen und bald nach Hause gefahren. Aber für Susanne war das der erste kribbelige Moment zwischen ihnen beiden.

»Die ganze Zeit vorher war das so ein netter Kontakt, aber das, als er mir DAS sagte, da war sofort die Lampe im Herzen an. Alles, was ich mir vorher gewünscht habe und mit der chinesischen Lampe in den Himmel geschickt hatte, war da. Als hätte er das erahnt.« Und als sie ihn

Jeder ist für sich. Die Tasse ist gefüllt, und der andere ist das Sahnehäubchen des Lebens dazu.

am nächsten Abend besuchte, ist sie geblieben. Diesmal mit Küssen. Und mehr.

»Und das ist bis heute noch so«, sagt Susanne. Inzwischen seit eininhalb Jahren.

Was sie an der Beziehung mit Thomas so fasziniere, fährt sie fort, das sei diese Unabhängigkeit.

»Jeder ist für sich. Die Tasse ist gefüllt, und der andere ist das Sahnehäubchen des Lebens dazu.«

Ob das jetzt diese Erwachsenenliebe sei, frage sie sich seither. Oder verändert sich das noch mal? Es sei ein noch immer neues Gefühl, aber es fühle sich schön an. Ein glückliches Miteinander, aber auch ein glückliches Ohneeinander.

»Und was ist mit dem Erwachsenensex passiert?«, frage ich.

»Der ist auch schön.« Susanne lacht. »Erwachsenensex hört sich natürlich komisch an.«

Sie meine das auch eher aus dem inneren Kind heraus gesprochen.

»Es ist einfach die kleine Susanne, die groß geworden ist und das heute anders erlebt.«

Früher habe sie sich viel mehr in dem anderen gesucht. Nach Dingen gesucht, die sie selbst nicht gehabt habe.

»Jetzt sind wir älter, und jeder hat schon diese Erfahrungen, und jeder weiß, was er auf gar keinen Fall wiederholen will. Mit all den Kompromissen.«

Sie versucht auch gar nicht, an Thomas etwas zu verändern.

»Wir albern viel, es gibt ernste Gespräche, es gibt Situationen, wo man weint, wo man sich mitteilen möchte.«

Es ist ein Austauschen. Aber ohne Vorwürfe. Sie erwartet nichts von ihm, und deswegen würde sie es Erwachsenenliebe nennen. Aber das Gefühl sei eben noch so neu, und immer wieder fragt sie sich leicht verunsichert: »Ist das denn auch Liebe?« Und: »Was ist Liebe überhaupt?«

»Was ist Liebe überhaupt?«, frage auch ich.

Susanne überlegt. Sie hätte sehr viele unterschiedliche Lieben in sich, sagt sie dann und meint damit all die Kontakte, die sich in ihrem Leben ergeben. Zu den Kindern in der Waldspielgruppe, den Kollegen im Kletterwald, den Kunden, den Freunden, natürlich vor allem zu ihren eigenen Kindern. Sie spürt die Energie der gegenseitigen Zuneigung, die sich automatisch ergibt. Und das zeige ihr, dass sie schon allein dadurch, dass sie auf der Welt ist, und mit dem, was sie tut, Liebe gibt und empfängt. Genau dieses Gefühl von Geborgenheit in der Welt müsse sie daher nicht mehr von ihrem Partner bekommen. »Und ich glaube auch an Gott«, sagt Susanne. »Das ist ganz wesentlich.« Zu wissen, dass man das, was einen quält, an etwas Höheres abgeben kann und nicht immer alle Strippen selbst ziehen muss.

»Dass man sagen kann: Ich kann das nicht, ich brauche Hilfe, das muss ein anderer machen. Und dass diese Hilfe dann auch kommt.«

Die Gewissheit, dass da immer Liebe ist, dass man Gott fragen und bitten kann, die hat sie jedoch erst spät erfahren. Viele Jahre Therapie und Übung hat sie dafür gebraucht. Und das Üben hört nie auf. Heute spürt sie zwar schneller, wann der Zeitpunkt zum Loslassen und Abgeben da ist, oder auch, wann sie unversehens in ihr Hamsterrad hineingerät. Aber es wird sicherlich auch weiterhin Momente geben, in denen sie die Stoppzeichen zur rechten Zeit übersehen wird. Und das sei auch gut so, sagt Susanne, denn dann könne man die Erleichterung, wenn eine Situation überstanden ist, spüren, die Wärme, die dadurch entstehe.

»Dieses Yin und Yang, das muss einfach sein.«

»Zum Sensibilisieren«, sage ich.

»Total«, sagt Susanne. Sie sei Perfektionistin, das ließe sich nicht so leicht ablegen. Thomas sagte schon zu ihr: »Ich habe manchmal das Gefühl, du willst ein Idealmensch werden, das gibt's einfach nicht.« Und das stimme, sagt Susanne. Man dürfe nicht alles ständig verbessern wollen und schon gar nicht alles selbst machen.

»Der Anspruch ist ein zu hoher Berg, und den lohnt es gar nicht raufzusteigen, weil die Aussicht nicht besser wird. Und das so zu betrachten, wie es ist und zu sagen: Mein Gott, was habe ich von hier oben schon für eine tolle Aussicht. Das darf ich genießen und ich muss nichts weiter tun«, Susanne seufzt, »das ist einfach schön.«

Ohne die Therapie, die ihr einen neuen Blickwinkel eingebracht habe und die ja nicht nur einfach eine Gesprächstherapie gewesen sei, sondern ein bunter Strauß aus ganz vielen Methoden der Heilung, könnte sie heute gar nicht so leben. »Allein die ganze Spiritualität, das Energetische, die Meditation, die Trance …« Auch eine Rückführung in ihr voriges Leben habe sie gemacht, sagt Susanne.

»Eine Rückführung?«, wiederhole ich. Da bin ich neugierig.

»Ja«, sagt Susanne.

»Und?«, frage ich. »Was warst du?«

»Ein Mann. Ich bin ein Mann gewesen. DAS war vielleicht berührend.

Ich war ein Mann, der eine Frau geliebt hat, die aber höhergestellt war. Ich war ein ganz einfacher Arbeiter, hatte eine ganz kleine Hütte, und sie war eine Edelfrau. Und sie war schöööön.«

»Du hast sie richtig gesehen?«, frage ich.

»Ja«, sagt Susanne wieder, sie habe auch den Mann gesehen. Das könne ich mir gar nicht vorstellen. Ein Moment der Angst sei das gewesen, als sie sich dazu entschieden habe, okay, wir machen eine Rückführung. »Es war bei mir einfach ganz klar, dass meine Probleme mit was Altem zu tun haben. Und ich dachte: Oh Gott, wenn ich ein Mörder bin.« Das Erste, was sie bei der Rückführung gesehen habe, sei jener Mann mit einem Strick um den Hals gewesen.

»Ich wurde mit einem Karren gezogen. Ringsum standen Menschenmassen, die schrien: ›Schänder!‹ Die schmissen Sachen auf mich drauf. Dann war klar, dass ich diese Frau liebe und so gern mein Leben mit ihr teilen würde. Und dass das nicht geht.«

Eine Tragik von großer Auswirkung auf ihr heutiges Leben. Immer habe sie dieses Gefühl in Beziehungen gehabt, sie könne nicht genug geben.

»Was jedoch von dieser ursächlichen Geschichte herrührte, dass ich diese Liebe nicht leben durfte. Ich habe mir damals auch geschworen, wenn ich diese Liebe nicht leben darf, dann will ich überhaupt nicht mehr lieben und glücklich sein.«

Das habe sie wohl mit ins nächste Leben genommen.

»Und du hast von deinen Pflegeeltern und deiner Mutter ja auch nicht bekommen, was du gebraucht hättest«, sage ich.

»Genau«, sagt Susanne, und deswegen sei es auch nur schlüssig, dass sie so aufgewachsen sei, wie sie nun mal aufgewachsen ist. Ohne Liebe. Mehrere Sitzungen waren dafür notwendig, das alles aufzudröseln. Also auch mehrere Rückführungen. Sie habe auf diese Weise noch einmal erlebt, wie sie in den Steinbruch gebracht worden sei, und dort habe sie sich zu Tode gearbeitet.

»Ich habe gehungert und gedurstet. Ich wurde gepeitscht. Aber innen drin hatte ich das Gefühl, ich bin frei. Die können mich, trotzdem ich hier bin, nicht bezwingen. Und ich werde diese Liebe weiter leben.«

Zu guter Letzt habe sie sich in den Sitzungen noch einmal mit jener Edelfrau treffen müssen. »Wir mussten herausfinden, ob sie mich freigibt. Ob dieser Schwur, den ich mir damals gab, für mich heute noch gilt.«

»Und? Wie war das?«

»Das Wiedersehen mit dieser Frau war so schön, so gütig«, sagt Susanne und strahlt.

Die Edelfrau habe gesagt: »Leb dein Leben und werde glücklich. Tu's für mich. Ich möchte es auch. Sei frei.«

Susanne sagt, sie hätte vier Tage nur Rückenschmerzen gehabt, von der Arbeit im Steinbruch, dem Auspeitschen. »Mir war klar, ich muss nicht zum Doktor gehen. Ich habe so mitgefühlt mit dem Mann.« Das Gefühl des Nichtgebenkönnens in einer Beziehung sei von da an weg gewesen. »Ich war mit diesem innerlichen Manko plötzlich nicht mehr verhaftet.«

Ein Umstand, den auch ihr voriger Mann und Vater ihrer Kinder direkt zu spüren bekommen habe. Auf einmal sei sie ebenbürtig gewesen, sagt sie. Und viel glücklicher.

Wir schauen auf die Uhr. Susanne ist in Eile. Sie ist verabredet.

Nur noch eine letzte Frage: »Ist das nun deine glücklichste Beziehung?«

»Nein«, sagt Susanne, »ich hatte auch damals glückliche Beziehungen. Aber ich fühle mich heute intensiver. Autarker und echter. Und ich bin viel dankbarer für vieles, was ich erleben darf. Es ist leichter,

Ich habe immer das Gefühl, das Leben ist gut zu mir. Das ist so beruhigend.

entspannter. Ich habe auch nicht mehr so Sorge: Was ist, wenn ich den anderen verliere, wie geht's dann mit mir weiter? Ich habe immer das Gefühl, das Leben ist gut zu mir. Das ist so beruhigend.«

Noch ein Blick zur Uhr. Wir haben uns richtig beeilt. Aber es ist alles gesagt. Und vieles, ganz vieles nehme ich in diesen Abend und in mein Leben mit und bin dankbar, dass ich einmal mehr einem Menschen zuhören durfte, der seine Gefühle für mich und die Leser transparent gemacht und mir seine Geschichte einfach so geschenkt hat.

Simone Harre

Was erzählt Ihr mir von einem Mann, liebe Mutter? Ich will für immer auf die Liebe eines Recken verzichten! So schön und unberührt will ich bis an mein Lebensende bleiben, damit ich niemals durch die Liebe zu einem Mann Leid erfahre.

Nun widersprich doch nicht so heftig!, sagte wiederum ihre Mutter. Wenn Du jemals in dieser Welt tiefes Glück erlangen willst, dann durch die Liebe eines Mannes. Wenn Dir Gott einen wirklich trefflichen Ritter zum Manne gibt, dann wirst Du eine schöne Frau.

Sprecht bitte nicht davon, Herrin!, sagte Kriemhild. Oftmals hat es sich an vielen Frauen gezeigt, wie schließlich Freude mit Leid bezahlt wird. Beidem werde ich aus dem Weg gehen: Dann kann mir niemals etwas Schlimmes widerfahren.

(Nibelungenlied, Vers 15–17)

Der dritte Ball entscheidet

Claudia Berlinger-Flucht, 41 Jahre, Medienkauffrau und Yogalehrerin &
Alex Flucht, 46 Jahre, Komponist und Musiker, »Die Band« bei »NightWash«

Eigentlich ist Claudia Yogalehrerin, so mit ganzer Seele, doch vor einem Jahr hat sie Stewardess bei der Lufthansa werden wollen, händeringend und unbedingt. Zum einen, um ihre Zigeunerseele zu befriedigen, zum anderen, um ihrem sehnsüchtigen Mutterwunsch eine lange Nase zu machen. Es sollte eine Veränderung stattfinden. Sie kaufte sich das perfekte Kostüm für das perfekte Bewerbungsgespräch, übte sich wochenlang im Schminken, im Frisieren und träumte von all den Kontinenten dieser Welt, welche die Lufthansa mit ihr an Bord, wenn es denn sein solle, bald anfliegen würde.

Doch es sollte nicht sein. Zunächst: Die Lufthansa wollte sie nicht. Das Bewerbungsgespräch lief nicht gut. Der Traum platzte. Und was Claudia zu dem Zeitpunkt nicht wissen konnte: Sie war schwanger. Etwas, was eigentlich unmöglich war. Medizinisch gesehen. Zusammen, hieß es, hätten sie und ihr Mann Alex eine 0,5-prozentige Chance auf Nachwuchs. Mehr nicht. Eine Hormontherapie bei ihr, ein wenig Sperma aufbereiten bei ihm, vielleicht würde das die Chance steigern, aber so, nein. Die Ärzte waren sich da sicher. Während Alex daraufhin sagte: »Hmm, 0,5 heißt zweihundert Mal!«, sagte Claudia: »Vergiss es!«

Dieses Probieren und Warten war sie leid. Daher die Lufthansa. Und: »Ich hatte innerlich im Kopf gehabt, mit vierzig mache ich die Tür zu, weil es dann doch insgesamt zu schmerzhaft ist.« Von da an habe sie auch aufgehört, sich Gedanken darüber zu machen, wann sie und ihr Mann Sex hatten oder hätten haben müssen und was das bedeuten könnte.

Vielleicht hat es genau das ja gebraucht, denn nun sitze ich hier mit Claudia und Alex in Klettenberg in deren Wohnzimmer und habe Glück, dass die kleine Tochter, die schon mächtig darauf wartet, geboren zu werden, sich zumindest noch so lange zurückhält, solange ich hier bin. Es ist kurz vor knapp, und es ist schön, zu so einem besonderen Zeitpunkt ein solches Gespräch führen zu dürfen. Fast fühle ich mich wie eine Empfangsdame. Oder so was in der Art.

Dies also ist die Geschichte einer Liebe zur Begrüßung eines kleinen Wesens, dessen Geburt auf ebenjener Geschichte beruhen wird.

Und wie hat alles angefangen?

Claudia sagt, sie habe Alex schon lange im Auge gehabt, also damals, als sie mit ihm im Underground in Ehrenfeld zusammen gekellnert habe. *Damals* heißt 1992, ganz schön lange her, und die Konstellation für eine Romanze war zu jener Zeit nicht gegeben. Alex war noch mit seiner ersten Frau liiert, und für mehr, als mit Claudia auf der Arbeit zu flippern, hat es nicht gereicht. Aber: »Der dritte Ball entscheidet«, war ihre Losung am Spielautomaten und, wie sich später zeigen sollte, ein prophetischer Satz.

Alex sagt, klar, auch ihm sei Claudia aufgefallen, aber er habe damals eben schon zwei Lieben gehabt. Seine Frau und seine Band »The Pleasure Principle«. Dass seine erste Ehe nicht für die Ewigkeit war, wer hätte das wissen können? Doch so war es, und als Claudia Alex später mit Ehefrau Nummer zwei, oder anders gesagt, mit Ball Nummer zwei, im »Tingel-Tangel« wiedersah, blödelnd und flirtend, war sie enttäuscht. Dumm gelaufen, Chance verpasst. Gut, sie hatte zu der Zeit selbst einen Partner, trotzdem: Alex war ihrer. Da dieser nun aber schon wieder vergeben war, zog sie ihn nicht in Betracht. Überhaupt zog sie bald niemanden mehr so richtig in Betracht. Mit ihrem Partner war es nicht weitergegangen, und die Folgemänner, die brachten es auch nicht.

»Ich wusste aber immer, ich will eine Beziehung, und nicht nur eine Beziehung, ich will die Liebe in meinem Leben haben. Und dann habe ich mir irgendwann einen Zettel genommen und mir ein Mindmap gemacht. Aufgeschrieben, wie der Mann meiner Träume sein soll.« Um sich damit auf Kurs zu bringen, damit sie es überhaupt mitbekäme, wenn er denn auftauchte.

»Und wie war die Liste?«, frage ich.

»Bestimmt dunkle Haare«, sagt Alex, der keine dunklen Haare hat.

»Stimmt, tut mir leid, allerdings dunkle Haare.«

Keanu Reeves, Robert Downey junior, aber auch Sean Penn und David Bowie … das seien so die Beispiele gewesen, die sie sich rausgesucht hätte, Rubrik »optisches Optimum«.

Sie hätte sich natürlich nicht wirklich an der Optik orientiert, sagt Claudia, im Grunde sei es ihr ja um Vertrauen gegangen. »Dass das ein warmer Mensch ist, dass ich mich dem zeigen kann, mit meinen Kanten, dass der mich nimmt, wie ich bin.«

Die Suche nach dem richtigen Mann wurde dann von einer Wahrsagerin, die Claudia aufsuchte, in eine ganz konkrete Richtung gelenkt, denn diese sagte: »Ach, Sie kennen den schon.« Das sei so hängen geblieben, sagt Claudia. »Ich wusste, ich kenn den schon.« Aber in Ehrenfeld, wo sie wohnte, kannte sie jeden irgendwie, und bei jedem dachte sie nun: »Bist du es?« Teilweise sei sie tatsächlich Beziehungen eingegangen, weil sie gedacht habe: »Den kenne ich, von früher. Aber dann wieder, nee, das kann nicht sein, der kann's nicht sein.« So verheißungsvoll die Worte der Wahrsagerin geklungen hatten, sie führten sie nicht zur Liebe. Sechs, sieben Jahre hat sie auf diese Weise suchend zugebracht. Es sei keine schöne Zeit gewesen, eine Zeit

Dass das ein warmer Mensch ist, dass ich mich dem zeigen kann, mit meinen Kanten, dass der mich nimmt, wie ich bin.

mit immer falschen Männern, und sie habe mehr und mehr ihr Herz in diesen Jahren verschlossen.

Doch eines Tages, sie kam gerade mit einer Freundin von einem Konzert und wollte noch auf die guten alten Zeiten im Underground einen trinken, da traf sie auf Alex. DEN kannte sie ja auch schon. Aber ihn hatte sie bei ihrer Mindmap-Suche überhaupt nicht berücksichtigt. Denn der war ja glücklich verheiratet mit Ehefrau Nummer zwei. Dachte sie. Doch von wegen.

Alex war zu dieser Zeit gerade frisch getrennt von Frau Nummer zwei und etwas neben der Spur. Er habe nach Veränderung in seinem Leben gesucht, sagt er, festgestellt, dass er nicht mehr zwanzig sei, sich aber so benehmen würde. »Ich wollte Halt kriegen und dachte, mit Rauchen aufhören und Yoga lernen kann ich mal anfangen.«

Eine dritte Sache hatte er bereits in die Wege geleitet. Seit zwei Wochen und nach dreizehn Jahren hatte er wieder angefangen, mit seiner alten Band zu spielen – im alten Proberaum beim Underground um die Ecke. Und während Alex also mit seiner Band dort herumhockte, auf die Zukunft wartete und Altes hinter sich lassen wollte, sah er plötzlich Claudia. Die von damals. Na, so was. Claudia hatte inzwischen schon auf die alten Zeiten angestoßen und wollte gerade gehen, da hörte sie eine Stimme, Alex' Stimme:

»Ey, dich kenn ich, kennst du mich noch? Was machst du denn so?«

Und sie: »Ja. Yoga.« – »Wie, du machst Yoga? Das gibt's doch gar nicht, das will ich doch gerade anfangen.«

So sei das gekommen, sagt Claudia, und im Nachhinein kämen die ganzen Details hoch, die man währenddessen gar nicht bemerkt habe. »Ich habe zum Beispiel nicht bemerkt, dass es der 6.6.2006 war.« Später sei dieses Datum etwas Besonderes geworden. Doch zunächst musste die Sache mit dem Yoga geklärt werden. »Ich ruf dich dann mal an«, sagte Alex. Er hielt Wort, er rief wirklich an und wurde so einer von Claudias Yogaschülern.

Alex sagt, er habe in ihr eine Bombenyogalehrerin gehabt, er sei echt beeindruckt gewesen, vor allen Dingen als er feststellte: »Die raucht ja so viel wie ich.« Was so viel heißt wie: Plan eins, mit dem Rauchen aufzuhören, war direkt gekippt. Aus dem Plan, beim Yoga vielleicht andere Frauen kennenzulernen, wurde allerdings auch nichts. Dafür lernte er Claudia richtig kennen, und für beide war schnell klar, dass sie im jeweils anderen einen Freund gefunden hatten. Einen sehr guten Freund. Also lud Alex Claudia rein freundschaftlich bei sich zum Essen ein. Ein langer gemütlicher Abend, der nicht enden wollte und an dem viele Zigaretten ins Land gingen.

»An dem Abend haben wir auf Xing ein Profil erstellt. Professor Dr. Flucht«, erzählt Claudia, so habe sie ihn eingetragen. »Da gibt's ja die Rubrik ›suche/biete‹. Und ich habe geschrieben: ›Suche wahre Liebe, biete nichts als Ärger.‹« Das alles sei nichts weiter als ein harmloses

Rumwitzeln gewesen. »Für mich«, sagt Claudia, »war Alex so außen vor, ich habe einfach nicht damit gerechnet, dass da irgendwas zwischen uns passieren könnte. Es war einfach nicht in meinem Denken drin.« Und nur deswegen habe sie so was schreiben können.

Irgendwann an diesem Abend jedenfalls habe sie nach Hause fahren wollen, und Alex habe gesagt: »Du kannst auch hierbleiben.« –»Nein!!!« Claudia war empört. Verwirrt. Könne sie nicht. Dann kam das Taxi.

»Und wir haben uns umarmt zum Abschied, und die Umarmung war einfach irgendwie zu lang und warm. Da floss so viel Energie, das war so schön, dass … Mir blieb die Spucke weg. Ich habe nicht mehr gewusst, was ich sagen soll. Das war ein ganz wichtiger Moment. Mir fallen solche Sachen erst auf durch Berührung.«

Erzählen könne jeder alles, sagt Claudia, aber wenn sie bei einer Berührung etwas spüre, dann glaube sie diesem Gefühl.

Und Alex? »Ich stand danach auf dem Balkon wie DiCaprio in Titanic«, sagt er. Mit dem Unterschied: Alex würde nicht mit einem zweifelhaften Schiff im Meer versinken, denn er hatte ein zweites Date in der Tasche.

Eine Verabredung für einen Saunabesuch im Neptunbad nach der nächsten Yogastunde. An sich nichts Ungewöhnliches. Für Claudia. Denn: »Ich geh total gern in die Sauna und ständig«, sagt sie, »aber natürlich gehe ich normalerweise nur mit einem Mann in die Sauna, von dem ich nichts will.« Hatte sie gedacht. Gehofft. Geglaubt. Ganz naiv.

Und immer noch nichts geschnallt, auch nach jener Umarmung nicht. Alex war doch ihr Schüler. Mehr nicht. Vielleicht habe er eine Nacht mit ihr gewollt, dachte sie, kann sein, höchstens, aber bestimmt nicht mehr. Also. Kein Problem.

Alex indessen, schon deutlich mehr angeschossen und kein routinierter Saunagänger, geriet bei dem Gedanken an Schwitzen und Nacktsein immer mehr in Panik. Vielleicht war er ja doch auf der Titanic, der Boden jedenfalls wankte erheblich. »Wie machst du denn das jetzt?«, fragte er sich. Er hatte Muffensausen ohne Ende und schließlich gar keine Lust mehr hinzugehen. Innerlich krank war er, musste krank sein, suchte nach einem Grund abzusagen … Und ging doch mit.

In der Umkleide stehend, war es dann aber gar nicht Alex, der ein Problem mit dem Nacktsein hatte, zumindest nicht er allein, auch Claudia wusste plötzlich: Hier ist etwas anders als sonst.

»Sagt sie allen Ernstes zu mir: ›Jetzt ist der Moment gekommen, wo du dich mal umdrehen musst.‹ – ›Was??? Soll ich jetzt den ganzen Tag rückwärts laufen? Wie soll das denn gehen?‹« Er habe so lachen müssen, sagt Alex. Und dadurch sei das Eis gebrochen.

Also fast, immerhin sei ihm da klar geworden, dass er es nicht mit einem Männer mordenden Weib zu tun hatte.

Ist es von diesem Moment an für Alex leichter geworden, wurde es für die leidenschaftliche Saunagängerin Claudia von da an immer schwerer.

Wider Erwarten. Der Pulli sei ja noch gegangen, sagt sie. Aber als es dann bei Alex immer weniger wurde, die Socken und schließlich ganz umständlich die Hose, die UNTERHOSE, nein, das sei gar nicht gegangen. Sie habe die ganze Zeit den »Porträtblick« gehabt, sagt sie, also bis zum Dekolleté, und gekämpft, dass ihr Blick nicht tiefer rutschte. »Ich dachte auch, ich bin Yogalehrerin, ich kann mich kontrollieren.«

Und dann? Haben sie sich einen Ast gelabert. Sämtliche Nacktheit nach und nach vergessend. Zwischendurch hat Alex mal ganz aus Versehen schwer rumgefüßelt. Und gedacht: »Huch, was passiert denn hier grade? Das war wie bei dieser ersten Umarmung.« Auch für Claudia war dies eine Überraschung. »Ich füßel sonst nicht mit Leuten«, sagt sie. »Meine Füße sind mir heilig.«

War das Zukunft? Sollte die Gegenwart gerade tatsächlich das Damals verschluckt haben, und was würde dabei herauskommen?

Etliche Aufgüsse später schmissen sich beide erschöpft und glücklich auf ein Wasserbett. Zusammen. Auf einer neunzig Zentimeter breiten Unterlage. War das Zukunft? Sollte die Gegenwart gerade tatsächlich das Damals verschluckt haben, und was würde dabei herauskommen? Claudia habe dagelegen und nur gedacht: »Angst!« – Und war doch so entspannt, dass sie einfach einschlief. Alex sagt, dass er so etwas noch nie erlebt habe. Diese Wärme, dieses Zusammengehörigkeitsgefühl. Er sei völlig weggebeamt gewesen und: extrem verknallt.

Was würde als Nächstes passieren?

Für Claudia war immer noch klar, mit dem Saunagang wäre der gemeinsame Tag beendet, sie würde nach Hause gehen, allein, zu ihrem Hund, sich vor den Fernseher legen, und das würde es gewesen sein. War es aber nicht. Alex brachte sie nach Hause. Dann das Übliche: Kaffee trinken, viel rauchen, den Mund fusselig reden, die Stunden verstreichen lassen, kein Ende finden. Früh morgens um vier, nachdem Claudia schon mehrfach gesagt habe: »Du musst jetzt gehen«, ging Alex wirklich.

Ich glaube, ich habe mich in dich verliebt.

Wollte gehen. Verabschiedete sich und dachte gleichzeitig: »Verdammt, wie kommste aus der Nummer jetzt wieder raus?« Er habe sich gesagt: »Entweder geht jetzt die Tür zu, und dann ist der Tag und das alles vorbei, oder aber …« Zu *oder aber* sei er gar nicht mehr gekommen. Sein Mund habe sich komplett verselbstständigt. Statt: »Tschüss und schlaf gut«, habe er sich sagen hören: »Ich glaube, ich habe mich in dich verliebt.«

Und Claudia? Sie konnte gerade noch »Oh Gott!« hauchen.

Und er: »Nicht gut?«

Mit den Worten »Oh nein!« fiel Claudia in Ohnmacht.

»Komplett auf mich drauf. Ich habe sie gerade noch aufgefangen gekriegt. Sie sackte komplett in sich zusammen, lag dann ein bis zwei

Sekunden völlig reglos in einer ziemlich kompliziert wirkenden Yoga-pose, mit eingeklappten Knien und Füßen in Höhe ihres Hinterns auf den Küchenfliesen.«

»Ein bis zwei Sekunden? Weißt du noch, wie wir das danach genannt haben?«, fragt Claudia. »Two minutes green. Ich war weg und habe nur grün gesehen. Und als ich wieder aufgewacht bin, war mir das vielleicht peinlich. Ich lag da und hatte die Augen zu und musste so grinsen und habe mich nicht getraut, die Augen aufzumachen, weil ich dachte, was denkt der jetzt?«

Was dachte er jetzt? »Panik!« Vor allen Dingen. Schon den Notarzt hatte Alex in Erwägung gezogen. Aber so eine Ohnmacht hat ja auch was Gutes. Denn: *So* konnte er Claudia definitiv nicht allein lassen. Fand er. Fand auch Claudia, die schüchtern fragte: »Kannst du hierbleiben?« Was so viel war wie eine Antwort auf seine Frage und heißen sollte: »Ich glaub, ich habe mich auch in dich verliebt.«

Beim Zahnarzt, sagt Claudia, sei sie auch schon mal in Ohnmacht gefallen, als dieser gesagt habe: »Oh, oh, oh, da kommt was auf uns zu.« Das sei so ähnlich gewesen. Nackte Angst, Überforderung. Doch hier: »Mein Herz war einfach nicht mehr in Übung.« Daher alles ganz sachte. Brav legten sich beide ins Bett, gerade mal Händchen haltend und schliefen abermals nebeneinander ein; beziehungsweise versuchten es vergeblich.

»Das war übrigens zweieinhalb Monate nach dem 6.6., also Ende August«, sagt Alex. Und der Beginn von … was?

Alles, was Alex in diesem Moment wusste, war: »Ich möchte nicht noch einmal so eine Beziehung wie davor erleben.« Er war mit seiner zweiten Frau auch lange zusammen gewesen. Am Anfang sei alles super gewesen, und dann kam ein Kind, und alles wurde doof.

Und auch Claudia hatte mit der Vergangenheit zu kämpfen: »Mein Herz war einfach total verletzt. Dass das heilen konnte, das hat unheimlich viel Zeit gebraucht. Ich bin ein Weichei, aber war sehr hart geworden.«

Ein Happy End also und doch noch keines. Viel Arbeit, Vertrauen zurückgewinnen und alte Wunden schließen habe es gebraucht. Außerdem: »Ich habe viele Dinge, die Alex gemacht hat, so scheiße gefunden, bis wir uns mal 'ne Ebene erarbeitet haben, wo wir uns verstanden haben. Wo das funktioniert hat. Also die ersten zwei Jahre, die waren nicht himmelhochjauchzend, rosarote Wolken, wie das bei anderen so ist.« Auch Alex sagt, von der ersten Sekunde an sei klar gewesen, dass das nur was sei, das mit Arbeit funktioniere. »Aber wo wir gleichzeitig gedacht haben, es lohnt sich dafür weite Wege und auch direkt ans Eingemachte zu gehen.« Also an Dinge ranzugehen, die er sonst in seinem Leben nie gemacht hatte. Kurzum: Claudia war der entscheidende dritte Ball, das wusste er nun.

Claudia sagt, sie habe erst wieder lernen müssen, sich fernab von der Vollzeit-Yogini mit nichts als om und dem Weltfrieden im Sinn als private Claudia wahrzunehmen. Als eine Frau mit ganz irdischen Gedanken, Wünschen, aber auch Problemen, die diesen vernachlässigten Aspekten nun auch Gehör verschaffen wollte. Dadurch sind sie immer wieder aneinandergeraten. Außerdem war es für sie schwierig, mit ihrem Kinderwunsch klarzukommen. Denn nun hatte sie zwar einen Mann an ihrer Seite, aber der hatte von seiner zweiten Frau bereits ein Kind mit in die Beziehung gebracht und keinerlei Lust auf ein zweites verspürt. »Es hat eine ganze Weile gedauert, bis ich gemerkt habe: Ich will den Alex, auch wenn wir kein Kind zusammen haben werden.«

Das sei wieder in der Sauna passiert, da habe sie ihm gesagt, dass sie IHN wolle, egal, was aus dieser Liebe entstehe.

»Das war ein ganz großer Schritt, weil ich gemerkt habe, es geht nicht immer strikt nach Plan. Das war für mich total wichtig, dass ich mich der Liebe hingebe und ihr folge, ohne zu wissen, was sie bringt.«

Ich sage: »Ihr seid sehr ehrlich zueinander.«

Das sei von Anfang an so gewesen, sagt Alex. Aber Ehrlichkeit sei teilweise auch sehr hart, denn die könne ja verletzen. Auch er habe ja Stück um Stück alte Strukturen durchbrechen und durch neue ersetzen müssen. »Und wir haben inzwischen eine Streitkultur.« Früher habe Claudia viel Konsens gebraucht. Dinge weit auszufechten, das habe sie so gar nicht gekannt.

»Ich bin ganz schnell beim Streiten an meiner Grenze und muss dann den Raum verlassen. Inzwischen weiß Alex, dass ich manchmal aufstehen und irgendwelche Sachen machen muss. Ich muss mich irgendwie ausagieren, und dann kann ich wiederkommen.«

Dass die Partnerschaft also Arbeit werden würde, war beiden klar. Die Sache mit dem Kind indes war noch nicht wirklich geklärt. Es habe mal vor Jahren einen Tag gegeben, erzählt Alex, da sei er morgens wach geworden und habe mehrfach Claudia mit Kind auf dem Spielplatz vor seinem inneren Auge gesehen. »Und ich habe mich total über dieses Bild gefreut. Das war so in Gedanken. Da hatte sich offenbar auch eine Angst von mir gelöst.«

Claudia nickt. »Und dann hast du gesagt: ›Ich fände es toll, wenn wir ein Kind hätten.‹« Das kam gar nicht gut. Claudias erster Impuls: »Ich hau dem gleich eine rein!« Sie hat ihm das nicht mehr geglaubt. Erst jahrelang nein, und dann war er plötzlich einverstanden. »Jetzt bin ich sauer.« Was sie damals in der Sauna ausgesprochen hatte, dass sie ihn auch ohne gemeinsamen Nachwuchs wolle, war ehrlich gemeint gewesen, doch den Wunsch, ein Kind zu bekommen, hätte sie damit nicht wirklich verdrängen können. Das habe sie immer unterschätzt, und dieser Wunsch hat ihr auch immer weiter zugesetzt.

Sauer war sie jedoch nicht lange, denn nun hatten sie ein gemeinsames Ziel.

Und warum auch sollte kein weiteres Kind in sein Leben, in seine Ehe passen, fragte sich Alex, hatte er doch niemals eine Frau an seiner Seite gehabt, die ihn so unterstützte. Auch, was seine Musik betraf. »Das hat mir in meinem ganzen Leben gefehlt. Meine erste Frau sagte: ›Boah, was is 'n das für 'ne Welt, da will ich nichts mit zu tun haben.‹ Meine zweite Frau hatte da gar keinen Sinn für. Die fand zwar immer alles ganz toll, aber nur sofern sie

Es passen Dinge zusammen, wo ich gar nicht wusste, dass die zusammengehören.

Lust und Zeit dazu hatte. Für mich ist das ein Quell. Ich schreibe Songs über Songs, sprudle über vor Ideen. Ich konnte noch nie so gut Gitarre spielen. Das ist unglaublich. Es passen Dinge zusammen, wo ich gar nicht wusste, dass die zusammengehören. Großartig.«

Irgendwann war also klar, es wäre okay, wenn es passieren würde. Sie hörten auf zu verhüten, aber es passierte nichts. Als die Ärzte in der Fertilitätsklinik ihnen erklärten, warum, seien sie sehr traurig gewesen. Beide. »Und das war so schön, dass wir beide traurig waren. Dass Alex mit mir traurig war, das hat mich gerührt. So ein Baby will ja auch getragen sein.«

Und dann, drei Tage vor dem Bewerbungsgespräch bei der Lufthansa, machte Claudia einen Schwangerschaftstest. Sie hatte gefühlt, dass irgendwas anders war mit ihrem Körper, außerdem passte sie kaum noch in ihr perfektes Kleid. Doch konnte sie tatsächlich schwanger sein? Eher nicht. Der Test fiel negativ aus. Wie die Ärzte gesagt hatten:

Sehr unwahrscheinlich, dass ein Baby noch den Weg in ihren Bauch finden würde.

»Aber ich war schwanger. Ist das nicht verrückt?« Nur weil sie medizinisch nicht schwanger sein konnte, habe sie monatelang nicht gewusst, nicht geglaubt, dass sie schwanger war. Hatte ganz schlimme Gastritis, sechs, schließlich sieben Kilo abgenommen und wieder ruck, zuck was draufgekriegt.

»Ich habe nur noch gegessen und geschlafen. Und ständig war mir schlecht. Und nichts hat geholfen. Ich war kurz vor der Magenspiegelung. Die Ärzte äußerten den Verdacht auf Magengeschwür.« Ein Arzt habe mal nach einer Schwangerschaft gefragt. Sie habe gesagt: »Nee!« Schließlich hatte sie ja einen Test gemacht. Außerdem hatte sie nach dem ersten Test eine Blutung gehabt. Die war zwar seltsam lang, und wie die Gynäkologin später einräumte, eine »Einnistungsblutung« gewesen, hatte aber dennoch jedweden Zweifel ausradiert. »Und so dachte ich schließlich, halleluja, ich bin in der Menopause, denn ich bekam ja meine Periode dann nicht mehr.«

Doch Menopause hin oder her, es habe ihr keine Ruhe gelassen, und noch ein Test folgte. Da sei sie dann aus allen Wolken gefallen. Plötzlich und unerwartet: »Ich bin schwanger!« Welch eine Gefühlsexplosion. »Und dann sind wir zur Frauenärztin, und dort gab es zwei Szenarien«, sagt Alex. »Entweder du bist frisch schwanger oder doch schon etwas länger. Es war dann die vierzehnte Woche.«

»Wie, vierzehnte Woche? Drei Monate geklaut?«

»Ja, aber das war gut«, sagt Claudia, denn sonst hätte sie furchtbare Angst gehabt, das Kind in den ersten drei Monaten zu verlieren.

»Wie schön«, sage ich nun, »in ein paar Tagen kommt euer Kind zur Welt, und jetzt gerade führt ihr dieses Gespräch.«

»Ja«, sagt Alex, sie hätten eine gute Basis. Vor drei Jahren noch hätte das anders ausgesehen. Unglaublich viele Zufälle seien am Werk gewesen. »Ich glaube auch«, sagt Claudia, »wenn wir früher zusammengekommen wären, hätte ich vieles noch nicht verstanden gehabt.«

Die Liebe, damit beginne und ende alles. Aber man müsse den Blick zu ihr hinwenden. Das sei das Entscheidende. Man müsse sich öffnen dafür und seine Magneten alle in Position bringen. Das sei der Teil, den man selbst tun müsse.

»Für mich ist wichtig, dass ich mich immer wieder neu für die Liebe entscheide, für den guten Blick auf die Dinge. Und in allem den Sinn suche, auch in den schwierigen Dingen und mir auch immer wieder bewusst werde, wie viel Glück ich habe, wie viel Liebe tatsächlich existiert in meinem Leben. Auch was die Partnerschaft angeht, dass ich mich immer wieder auf die Liebe rückbesinne, auch wenn's schwierig ist, gerade wenn's schwierig ist. Und wenn's nicht schwierig ist: genießen, genießen, genießen.«

Sie habe Jahre gebraucht, bis sie habe fühlen können, dass sie geliebt wird. Und auch, dass sie jemandem folgen könne in all seinen möglichen Entfaltungen. Früher habe sie sich immer ein Türchen offen gehalten. »Ich war ein Flüchter«, sagt sie und lacht, »jetzt habe ich einen Herrn Flucht geheiratet, den Doktor Flucht.« Oder den Serienmonogamisten, wie sie ihn nennt, weil er jede Frau, die er liebt, auch gleich geheiratet habe. Auf jeden Fall hätte Alex in vielem ihr Mindmap bei Weitem übertroffen. Sogar David Bowie. Und es gäbe keinen Fluchtplan mehr.

Alex ergänzt, sie seien ja nicht mehr zwanzig, nicht mehr so biegsam und schon relativ »fertig«, teilweise schon ein wenig verknöchert, aber zusammen ganz weich. »Es ist offen. Für mich ist unsere Beziehung ein wahr gewordener Traum. Manchmal komme ich aus dem Grinsen gar nicht raus. Ich bin sehr, sehr glücklich.«

»Ich mache das Aufnahmegerät jetzt mal aus«, sage ich leise. Denn bei DEM Schlusswort …

»Genau«, sagt Alex, »und jetzt lass uns über Sex reden!«

Simone Harre

Halten und gehalten werden.
Das ist Liebe.

Silvia, 37 Jahre, Kassiererin

»Die drei S: Sex, Scham, Strafe«

Dariusz Dahlmann, 43 Jahre, Geschäftsführer eines Modeladens

Es gibt Geschichten, die lassen sich mal eben so erzählen, es gibt rührende, tragische, heitere, bewegende, nachdenkliche. Sicher ist, jede einzelne Geschichte beglcitet einen mehrere Tage schon allein durch den Arbeitsprozess auf die eine oder andere Weise. Sie macht immer etwas mit einem. Das ist das Besondere. Die Geschichte von Dariusz, wie soll ich sagen, kostete mich Mühe und Kraft, war strapaziös. Ging mir unter die Haut. Die Geschichte von Dariusz verlangt einiges ab. Verlangt ihm einiges ab. Immer wieder. Kein Wunder, ist sie doch eine Geschichte der Liebe. Der Verstrickung von Gefühlen, über mehrere Generationen hinweg und so romanhaft tragisch, dass sie kaum wahr zu sein scheint. Oder anders gesagt: Wie viele solcher Geschichten mag es geben, unter uns, still und leise, und wir sehen sie nur nicht?

Nun also. Wir sitzen im Wohnzimmer. Es ist hell und licht. Ein Zuhause, in dem der Geist vorherrscht und im Moment auch die Entspannung, denn Dariusz, Geschäftsführer bei »Herr von Eden«, einem noblen Herrenbekleidungsladen, hat Urlaub. Erholt sitzt er mir gegenüber und erzählt. Von sich, aus seinem Leben und von seinen Sehnsüchten. Im Hintergrund läuft angenehme Musik aus Polen, seiner Heimat, die er mit einundzwanzig verlassen hat.

Wie es dazu kam? Ganz einfach:

Dariusz und zwei Freundinnen haben damals an ganz viele Hotels in Deutschland einen Brief geschrieben: *Hey, wir sind drei Germanistikstudenten und würden gern wegen der Sprache nach Deutschland kommen.*

»Und das hat funktioniert?«

»Ja.«

Ein Hotel in Winterberg hat ihnen diesen Wunsch gewährt. Ohne Bezahlung für die Arbeit, aber gegen Kost und Logis. Für Dariusz, der noch nie weiter als bis nach Russland gekommen war, war die Reise vom kommunistischen Polen in den deutschen Westen nach Winterberg wie die Reise in ein Märchenland. Und als man ihm nach den drei vereinbarten Monaten anbot, weiterhin als Servicekraft zu arbeiten, sagte er natürlich zu. Er hatte ohnehin keinen Plan, wie sein weiteres Leben verlaufen sollte. Doch bald schon fand er heraus, dass er sich unerwartet problemlos an einer deutschen Uni einschreiben konnte. Also tat er auch dies. So sei eines zum anderen gekommen. Ein neues Land, ein neues Leben und dann sogar noch das: ein Mann. Dariusz lernte einen Mann kennen. Seinen ersten Freund. Dieser war zwanzig Jahre älter als er und lebte in Paris.

»Polen–Winterberg–Paris!«, sage ich. »Super.«

»Genau«, pflichtet Dariusz mir bei. »Aber in Paris war ich nicht lange. Er hat mich nach Mykonos mitgenommen.«

Ich lache. ». . . Paris–Mykonos.«

»Ja, du musst dir vorstellen: Vorher war ich nicht schwul, also nach außen. Und als ich nach Paris kam, peng, wahnsinniges Erlebnis, tolle Stadt, und auf Mykonos dann habe ich das erste Mal eine Schwulencommunity gesehen, also live, und das war für mich total beeindruckend.«

In Polen sei man damals bloß auf den Verdacht hin, dass man schwul sein könne, verhaftet worden, sagt Dariusz. Bis heute ließe es sich dort nicht offen als Schwuler leben.

»Also war dies eine Befreiung?«, frage ich.

»Ganz ehrlich, es war eine Überforderung.«

Hin- und hergerissen zwischen der Angst vor dem Ungewissen, dem Problem, sich die Homosexualität selbst nicht eingestehen zu können, und dem wahnsinnigen Bedürfnis, zu gucken, wie das Leben in Freiheit funktioniert, machte er erst mal drei Monate einen Bogen um alle Schwulenclubs. Als er schließlich doch den Mut fand, den Schritt in die Szene zu wagen, eine Tür dorthin zu durchschreiten, ließ man ihn nicht rein.

»Weil?«

»Weil … es hieß, ich sei nicht schwul.«

Vielleicht hat es an seiner Kleidung gelegen. Ein Anzug, kommunistischer Stil. Das war nicht üblich, aber er habe es schon immer geliebt, etwas overdressed zu sein. Und zu guter Letzt gelang es ihm ja irgendwann auch dazuzugehören. Aber was heißt schon dazugehören? »Dieses Schwulsein! Verdammt!« Das blieb immer schwer.

Die Frage sei doch: »Kommt man überhaupt irgendwann einmal damit zurecht? Mit diesem: Ich bin anders. Also hundertprozentig in der Seele? Ich weiß es nicht.« Und noch eine weitere Frage bestimmte Dariusz' Leben: Würde es ihm je gelingen, die Männer, mit denen er schläft, auch zu lieben? Denn genau das konnte er nicht.

»Es gab einen Teil von mir, der sich danach gesehnt hat, und es gab einen Teil von mir, der das boykottiert hat«, sagt er, denn irgendwo in ihm sei ja auch noch der Traum lebendig gewesen, mal eine Frau und Kinder zu haben, ein Haus zu bauen, ein Auto zu kaufen, einen Baum zu pflanzen. Es sei auf jeden Fall ein Zwiespalt gewesen, ein sehr großer Zwiespalt.

Die Versuche, seine Homosexualität zu akzeptieren, mündeten mit dreißig in seiner ersten und einzigen richtigen Liebe und Beziehung. Guido.

Jahrelang sei er in ihn verliebt gewesen. Niemals habe er sich getraut, ihn anzusprechen. Eines Tages, mit ordentlich Alkohol im Blut, hat er es doch gewagt. Aber er war so aufgeregt und so betrunken, dass er nur Polnisch herausgebracht habe. Beschämt über dieses Desaster, trat er die Flucht an und hat sich maßlos geärgert. Doch, oh Wunder, nur ein paar Tage später lief er Guido mitten auf der Straße über den Weg.

Die Versuche, seine Homosexualität zu akzeptieren, mündeten mit dreißig in seiner ersten und einzigen richtigen Liebe und Beziehung.

»Ich würde gern die Unterhaltung mit dir weiterführen«, habe dieser freundlich gesagt. Woraufhin sie in eine Bar gegangen sind und sich bis vier Uhr morgens unterhalten haben. So hat alles begonnen.

Und es hätte alles gut sein können, doch Dariusz' Herz und Becken wollten einfach nicht zusammenfinden. Auch jetzt nicht. »Das ist unglaublich verwirrend. Wenn man immer davon geträumt hat, so eine Liebe zu erleben, und wenn man eigentlich davon überzeugt ist, dass das im Leben das Wichtigste ist, und dann steht man mittendrin und fühlt sich ohnmächtig durch die Unfähigkeit, sich komplett fallen zu lassen.«

Lange Zeit habe er daher verzweifelt versucht, der großen Liebe, die ihn so quälte, Schaden zuzufügen. Lange Zeit hielt die Beziehung diesen Manövern stand, aber eine Perspektive konnte das nicht sein. Das wusste Dariusz. 2003 versuchte er, sein Problem mit einer Therapie zu lösen, er wollte retten, was noch zu retten war. Er musste jedoch erkennen, dass sein Problem nicht mit einer einfachen Verhaltensänderung zu lösen war, sondern dass er endlich an die Frage ranmusste: Warum kann ich nur alkoholisiert Sex haben? Mit achtzehn, neunzehn, erzählt er, habe er mit Frauen geschlafen. Das ging jedoch nur, wenn er sich zuvor mit Alkohol enthemmt und betäubt hatte. Später, als er mit Männern schlief, behielt er diese Angewohnheit bei, kurz: Er trank sich auch hier die Scham vom Leib. Sogar bei Guido. Und das sollte nun anders werden.

Im Zuge der Therapie fasste er Mut, nüchtern Sex zu haben. Er war zuversichtlich, ging es doch um Sex mit einem Menschen, den er wirklich liebte. Dariusz sagt, er habe sich unglaublich tolle Geschichten ausgemalt, wie das werden würde, wie großartig, wie erfüllend, nur … wurde es ganz anders. Es habe ihn dabei einfach der Ekel überwältigt und nichts sonst. Trotz Therapie. Welch ein Schock. Von da an habe er einfach komplett geblockt. Und das sei endgültig der Anfang vom Ende der großen Liebe gewesen. Nach zehn Jahren. Schuld trage er allein, sagt er.

»Ich bin gegangen. Ich frage mich eigentlich heute noch, was da passiert ist. Die Wahrheit ist, das ist möglicherweise der einzige Mann, den ich jemals geliebt habe.«

Wir hätten so viele Bilder von der Liebe im Kopf, fährt Dariusz fort. Wir seien vollgepumpt mit Filmen und Romanen und immer noch alle fasziniert von Romeo und Julia, obwohl die Geschichte vierhundert

Jahre alt ist. »Doch was für ein Bild von der Liebe ist das? Unglücklich?«, fragt Dariusz. »Bedeutet Liebe immer nur leiden?«

»Wir spüren etwas, wenn wir leiden«, sage ich. »Ist das christliches Denken?«

»Du kannst drauf wetten, dass das christlich ist«, entgegnet Dariusz.

»Aber«, frage ich, »ist es nur christlich, oder ist es die Psychologie des Menschen?«

Dariusz sagt, in ihm lebe noch die Idee, wenn er wirklich gut sei, verdiene er sich Liebe. Wenn er böse sei, auf keinen Fall. Dass ihn das blockiert, klar, weiß er. Wir schweigen, und sein Blick wandert zum Fenster. Dann sagt er:

»Wir sehnen uns alle nach Liebe. Weißt du, wenn ich hier in den blauen Himmel gucke, das hat so eine magische Anziehungskraft, und genau so eine Anziehungskraft hat die Liebe für mich.«

»Die Beziehung ist also gar nicht daran gescheitert, dass das Schwulsein für dich nicht geklärt war?«, frage ich.

»Nein. Es war nicht das Schwulsein. Es kam natürlich erschwerend mit dazu ...«

»Was war es dann?«

Es sind die drei verfickten »S«, sagt Dariusz: »Sex. Scham. Strafe.«

Ich verstehe nicht ganz.

Da käme vielleicht wieder die katholische Kirche ins Spiel, erklärt er. Auf jeden Fall aber die Familiengeschichte: Seine Großmutter mütterlicherseits lebte vor dem Krieg in Weißrussland. Als junges Mädchen war sie in einen Mann verliebt, der nicht viel Geld hatte und mit dem sie folglich nicht zusammen sein durfte. Stattdessen musste sie einen reichen Mann heiraten, einen, der Alkoholiker war, einen, der das Geld versoffen und sie geschlagen hat. Einen, den sie abgrundtief gehasst hat und doch an ihrer Seite zu ertragen hatte. Und dieser Hass, sagt Dariusz, hat sich wie ein Schatten über die gesamte Familie gelegt. Vier Kinder haben die beiden zusammen bekommen. Drei Mädchen und einen Jungen, der behindert war. Die Liebe erzwungen, der Sex wahrscheinlich Pflicht. Spaß jedenfalls könne sie nicht dabei gehabt haben.

Dieser frühe Hass gegen den Großvater hat sich immer weiter fortgepflanzt. Allen voran bei seiner Mutter, der Erstgeborenen, die, zum Unglück der Großmutter, ein Abbild des Großvaters war. Mit zwanzig heiratete die ungeliebte Tochter und erfüllte mit der Wahl ihres Ehemannes wiederum und verhängnisvoll einen autoritären Wunsch. Die Großmutter hatte nämlich darauf bestanden: »Der Mann muss schön sein!«

»Und das war mein Vater. Er war der schönste Mann der Stadt. Er war ein richtiger Casanova und unfähig, Familie zu haben und nur eine Frau zu lieben.«

Dariusz bezweifelt, dass seine Mutter die Sexualität wirklich gelebt hat. Wie auch? Sie sei meistens betrunken gewesen. Genau wie sein Vater. Genau wie später Dariusz. Und daher denke er nicht, dass seine Homosexualität die eigentliche Tragik seines Lebens ist, sondern der fulminante Männerhass in seiner Familie. Dabei sei er geliebt worden als Kind. Seine Mutter, seine Großmutter, seine Tanten, sie hätten ihn durchaus geliebt, sogar heftig geliebt.

»Aber du warst ein Junge«, sage ich. »Hatten die Frauen die Hoffnung, dass du ein anderer wirst, anders als die Männer, die sie bis dahin kennengelernt hatten?«

»Ja«, sagt Dariusz. »Ich war auch definitiv von klein an ganz anders. Mich hat alles interessiert, nur nicht das, was andere Jungs gemacht haben. Sehr verträumt, auch einsam. Also, ich habe gern allein gespielt. Ich war altklug. Ich wusste alles. Und ich konnte alles. Meine Familie war extrem arm. Die ist aus Russland umgesiedelt worden. Wir lebten in einer Drei-Zimmer-Wohnung mit vierzehn Leuten. Eine Familie voller Alkoholiker, und ich war trotzdem der Beste in der Schule. Ich habe mir nie anmerken lassen, wo ich herkomme.«

Das Paradox läge darin: »Dafür, wofür mich meine Mutter nüchtern geliebt hat, hat sie mich betrunken gehasst. Da war immer der Vorwurf: Du bist einfach anders. Und so darfst du nicht sein.«

Sie war oft wütend. Wütend und betrunken, und die Lehre, die sie ihrem Sohn vermitteln wollte, war: Männer sind Abschaum, und sie verursachen Leid.

Die Mutter wusste, wovon sie sprach, wurde sie doch gleich in der Schwangerschaft von Dariusz' Vater mit Syphilis angesteckt, und es war fraglich, ob das Kind im Bauch, also Dariusz, das überhaupt überleben würde. Unterstützung oder Mitgefühl fand die Mutter nirgends, schon gar nicht in der Familie.

»Welch ein Desaster für meine Mutter«, sagt Dariusz. Und auch für ihn selbst. Sein Leben habe bis zu ihrem Tod im Jahr 2005 nur darin bestanden, die Mutter zu retten. Lange Zeit habe er gedacht, wenn er ein perfektes Kind sei, würde sie irgendwann aufhören zu trinken. Er habe sich sogar seine Pubertät verkniffen. Statt zu rebellieren, sei er abends spazieren gegangen und habe Gedichte geschrieben. Er habe immer gedacht, auch als Alkoholiker könne man einfach so, wenn man nur wolle, aufhören zu trinken. Man müsse sich nur anstrengen. Und immer habe er gehofft und gewartet, dass dies geschehe.

Sein Leben habe bis zu ihrem Tod im Jahr 2005 nur darin bestanden, die Mutter zu retten.

Das Erhoffte geschah natürlich nie. Und die Angst vor den gewalttätigen Wutausbrüchen der Mutter hielt an. Mit vierzehn, erzählt Dariusz, habe er nicht mehr weitergewusst, er sei zu einem Amt gegangen und habe seine eigene Mutter dort verklagt. Die Folge: Man nähte der Mutter eine Giftpille in den Po ein, die in Verbindung mit Alkohol tödlich ist. Jedenfalls für ein Jahr. Die Mutter ließ die Prozedur freiwillig über sich ergehen, doch auch dies brachte sie langfristig nicht von der Flasche weg. Für Dariusz war also klar: Er musste fort, und als er endlich die Möglichkeit sah, nach Deutschland zu kommen, habe er schlichtweg Gott gedankt.

»Meine Mutter hat so gesoffen, dass sie sogar nachts mal selbst den Krankenwagen angerufen hat, damit sie sie mitnehmen und Entzug machen. Sie konnte das nicht mehr stoppen.«

»Und wenn sie nüchtern war, tat ihr das alles leid?«

»Ja klar. Sie war von Schuldgefühlen geplagt. Es war eine kaputte Seele, die durch das Haus geschlichen ist. Und sich so geschämt hat.«

Ein Moment Stille. Ich bin ziemlich geschockt.

»Dann ist es ja kein Wunder«, sage ich schließlich, »dass du später selbst so viel Alkohol getrunken und Drogen genommen hast.«

»Ja«, sagt Dariusz, das sei ein Akt der Verzweiflung gewesen. »Was kann ich tun, um sie wachzurütteln? Was muss noch passieren, dass sie merkt, dass sie sich nicht nur selbst kaputtmacht? Vielleicht dachte ich, ich zeig ihr, wie das ist, wenn ich genau so bin wie sie.«

»Hat sie das mitgekriegt?«

»Natürlich nicht. Sie war besoffen.«

Schließlich habe die Mutter Krebs bekommen. »Und ich wusste, sie geht. Ich wusste, das ist ihre Art, Selbstmord zu begehen.«

»Warst du bei ihrem Tod dabei?«

»Ja.«

»War das ein heilsamer Moment?«

»Überhaupt nicht.«

Dariusz sagt, parallel zum Kraftverlust seiner Mutter seien seine eigene angestaute Wut und sein Hass gewachsen. Das habe er sich vorher nie getraut zuzulassen. Er habe sie geliebt, aber er habe auch so viel Angst vor ihr gehabt.

»Drei Tage habe ich an ihrem Sterbebett zugebracht. Und ich dachte, das kann doch nicht wahr sein: Ich hasse sie so aufrichtig. Ich wünsche mir so von Herzen, dass sie stirbt.«

Während dieser drei Tage sei sie auf Morphium gewesen und habe nur teilweise Bewusstsein erlangt. Ein Wechselbad zwischen Traumerzählen und wirklich schlimmen Horrorgeschichten, in denen sie geschrien habe.

»Und irgendwann kam mal meine Großmutter in Kochschürze rein, und meine Mutter sagte, sie halb anwesend anguckend: ›Mama, Mama, was hast du schönes Kleid. Tuttifrutti. Tuttifrutti.‹ Da haben wir natürlich gelacht, und fünf Sekunden später kamen schon so was wie Kriegserinnerungen hoch. So: ›Versteckt euch alle, die werden euch töten!‹ Viel Angst und viel Wut. Alles kam raus.«

Diese Momente, sagt Darisuz, seien schlimmer gewesen als der Tod selbst. Und in der Nacht, da sie gestorben ist, sei er der Einzige gewesen, der anwesend war.

»Ich habe es bis heute nicht begriffen. Kann man überhaupt Tote begreifen? Es war immer noch meine Mutter, aber es war kein Leben mehr drin. Ich weiß nur, dass ich versteinert bin. Ich habe keine einzige Träne geweint.«

»Danach auch nicht?«, frage ich.

»Ein einziges Mal«, sagt Dariusz, »an Silvester. Zwei Jahre später.« Er habe sich gerade zum Ausgehen fertig gemacht, und auf einmal sei das Gefühl gar nicht mehr zu kontrollieren gewesen. »Ich wusste, sie fehlt mir so. Und zwei Wochen nachdem sie gestorben ist, habe ich das Ergebnis bekommen, dass ich HIV-positiv bin. Das war eben so … Sex, Scham, Strafe.«

Nun verstehe ich drei »S« besser.

Dariusz fährt fort. »Ich habe damals gedacht: Es ist vielleicht einfacher, alles zu zerstören, als alles zu verlieren.« In einem Zwischenbericht für seine damalige Therapeutin schrieb er: »Ich habe mein Leben lang darum gekämpft, eine Mutter zu haben, und dann ist sie gegangen und hat mein Herz gebrochen.«

Ich habe damals gedacht: Es ist vielleicht einfacher, alles zu zerstören, als alles zu verlieren.

»Hatte sie keine Worte für dich am Ende?«, frage ich.

»Nein«, sagt Dariusz. »Ich habe auch keine gebraucht. Ich weiß, dass sie mich geliebt hat.«

Nach ihrem Tod habe er allerdings einen sehr bedeutsamen Traum gehabt: In diesem Traum stand er am Grab seiner Mutter, und aus der

Erde kam langsam eine lila Schlange. Dariusz sah die Schlange überrascht und neugierig an. Diese schlängelte sich weiter heraus und stellte sich neben sein Bein, fast wie ein Hund, und schaute ihn fragend an. Dann gingen sie gemeinsam fort.

»Das war für mich ein bisschen so wie: Das habe ich zurückbekommen. Die Kraft, die Energie. Und es ist auch befreiend gewesen. Ich muss mich nicht mehr um sie kümmern. Jetzt muss ich mich um mich kümmern.«

»Was ist mit deinem Vater?«, frage ich. »Lebt der noch?«

»Ja. Aber wir haben keinen Kontakt.«

»Immer noch ein Casanova?«

»Ja«, sagt Dariusz. Er sei inzwischen vierundsechzig. Man sähe ihm an, dass er einmal ein wirklich schöner Mann war. Aber nach fünfundvierzig Jahren Alkoholismus … Er sei total zerstört, fände jedoch immer noch genug Frauen, die ihn aushalten würden. Dariusz hat ihn nie wirklich kennengelernt. Nur manchmal ist der Vater zu Hause aufgetaucht. Dann habe es oft ein Riesendrama gegeben, und seine Mutter habe mal wieder die Freundinnen des Vaters verprügelt. Auch den Vater selbst habe sie immer wieder geschlagen, und dieser schien das zu brauchen.

»Eine Domina«, sage ich.

»Eine bedürftige Domina«, sagt Dariusz.

Die Gewalt, die Dariusz' Mutter seinem Vater angetan hat, sei so immens gewesen, dass der Vater nicht selten ins Krankenhaus eingeliefert worden sei, »Glas im Gesicht zerschmettert und so«. Einmal hat die Mutter ihm sogar ein Küchenmesser in den Hintern gerammt.

Das, sagt Dariusz, sei es, was beide lange Zeit verbunden habe: die Wut, die Gewalt.

»Ganz schön verstrickt«, sage ich. »Denn dein Vater hat ja im Grunde gar keine Chance gehabt, dein Vater zu sein. Da war ja gar kein Platz für ihn?«

»Nein«, sagt Dariusz, die Frauen bei ihm zu Hause hätten keine Männer gewollt.

»Aber wieso war deine Mutter wütend auf deinen Vater, wenn sie ihn eh nicht wollte?«

»Weil er nicht so getickt hat, wie sie sich gewünscht hat. Sie hat ihn geschlagen, weil er versucht hat zu leben, wie er wirklich war. Und er war ein Hurensohn. Punkt. So hat sie ihn kennengelernt.«

Seine Mutter, sagt Dariusz, war im Grunde schlicht auf das Leben wütend gewesen, und der Vater war einfach derjenige, der sich hat schlagen lassen. Man müsse natürlich sehen, dass auch der Vater nicht ohne Grund so war, wie er war. Liebe und elterliche Geborgenheit wurden ihm vom lieben Gott nicht mit in die Wiege gelegt, immerhin aber und vielleicht zum Ausgleich etwas anderes: »Das gute Aussehen und einen, ich weiß nicht, ob prachtvollen, aber auf jeden Fall potenten Penis. Und das hat er beides genutzt. Er nutzt das bis heute.«

Und auch seine Mutter sei ja nicht nur einfach schlecht und süchtig gewesen: »Sie war eine echt coole Frau. Sie war eine starke Kämpfernatur, niemand, an dem du vorbeigehen konntest. Sie war immer so die Seele der Gesellschaft. Sie war mit ihren zwei Seiten ein schwieriger Mensch. Aber sie hatte ja auch diesen Teil, der tapfer und liebevoll und fürsorglich war. Sie war entweder die Perfekte oder der Teufel. Aber wirklich vom Feinsten. Und ich denke schon, dass mein Vater nie so eine Frau kennengelernt hat. Ganz egal, wie viele er da flachgelegt hat.«

»Was wäre gewesen, wenn sich dein Vater als liebevoll erwiesen hätte?«, frage ich.

»Nein, er hatte keine Chance«, sagt Dariusz. Liebe sei nicht vorgesehen gewesen. Aber so konnte auch er, Dariusz, seinen Vater nicht lieben, er hat ihn immer verachtet. Nichts als Hass und Wut habe er aus seiner Familie mit nach Deutschland genommen.

Lange hat er selbst all das in Alkohol und Drogen erstickt und fortgelebt. So lange und so exzessiv, bis er 1998 einen deutlichen Cut machte, vielleicht wäre er sonst an seinem eigenen Lebenswandel gestorben. Von jetzt auf gleich hat er sein Leben verändert, Yoga gelernt, zu meditieren begonnen, nach den fünf Elementen gekocht, die Arbeit im Nachtclub aufgegeben und zu studieren begonnen. Modedesign. Ein Jahr habe er in »einer kompletten Heiligkeit« gelebt.

»Ich habe auch ein Jahr nicht mehr onaniert.« Dariusz lacht. »Typisch schwarz-weiß. Und jetzt ist es seit Kurzem das erste Mal, dass ich keine Angst mehr habe, allein zu schlafen. Noch als ich mit Guido zusammen war, sobald er im Urlaub war, habe ich nicht mehr geschlafen, weil ich Angst hatte, Angst vor Dunkelheit, Angst vor Geistern ...«

In einer dieser panischen Nächte ist ihm plötzlich der Gedanke gekommen: Ich will an meinen Vater einen Brief schreiben. Das hat er dann auch getan. »Ich habe ihm in dem Brief über mein Leben berichtet, was so in den dreißig Jahren passiert ist. Und dann habe ich zum Schluss geschrieben, in etwa:

Damit wir Liebe erleben können, müssen wir allen verzeihen. Und allen bedeutet auch sich selbst.

Und ich habe den Brief auch hingeschickt.«

»Hast du eine Antwort bekommen?«

»Nein. Nie ... Als ich vor zwei Jahren Bioenergetik gemacht habe ... da sagte meine Therapeutin: ›Man muss nicht alles verzeihen. Man muss nicht alles verstehen. Man muss es einfach akzeptieren.‹ Das nimmt so ein bisschen den Druck weg.«

»Hat denn deine Mutter gewusst, dass du schwul bist?«

»Ja.«

»Wann wusste sie das denn?«

»Ich habe es ihr gesagt, als ich siebenundzwanzig war. Da war sie hier kurz zu Besuch. Sie hat natürlich fürchterlich geweint. Ich glaube, dass ihr Traum geplatzt ist. Aber sie hätte nie zugelassen, dass ich eine Frau heirate.«

»Du warst ihr Mann?«

»Genau. Als ich zum Studieren nach Breslau gezogen bin, hatte ich eine Freundin, meine erste und einzige. Wir waren zwei Jahre zusammen. Gott, hat meine Mutter sie gehasst. Ich habe meiner Freundin Unterwäsche gekauft, und meine Mutter hat das gesehen, ich werde diesen Blick nie vergessen. Ich glaube, sie hätte ihr am liebsten die Augen ausgekratzt.«

Aber gewusst, dass er schwul ist, hätten eh alle, sagt Dariusz. Seine Schwester habe zum Beispiel gesagt: »Wen willst du damit jetzt überraschen? Ich meine, du hast mit sieben gestrickt, du hast mit sieben Kuchen gebacken, du hast mit Puppen gespielt, und du wolltest nie Fußball spielen.« Selbst seine Großmutter meinte: »Ah ja, ich habe kürzlich so einen Film gesehen über Männer, die sich lieben, ja, gut, so ist es halt.« Dariusz glaubt nicht, dass es ihr nichts ausgemacht hat. Aber für sie sei er halt der zur Erde herabgestiegene Christus.

»Nun der schwule Christus.«

»Genau«, sagt Dariusz wieder. Sie habe ihn besoffen gesehen und erzähle immer noch, er würde nichts trinken und nicht rauchen. In ihrer Phantasiewelt sei er der Erleuchtete. Und vielleicht denke sie auch, dass das Schwulsein so eine nebensächliche Geschichte ist. Traurig immerhin sei sie gewesen, als Guido und er sich trennten. »Sie fragte: ›Hat er dich geschlagen? Oder hat er dich beschimpft? Betrügt er dich?‹ So die Geschichten, die sie kennt, wie Männer mit Frauen umgehen.«

»Großmama«, habe er geantwortet, »ich kann dir das nicht erklären, so ist es einfach.« Und bis heute sage sie: »Entschuldige dich bei ihm und kommt wieder zusammen.«

Doch mehr als gute Freunde sind Guido und Dariusz nicht mehr geworden, diese Liebesgeschichte ist vorbei. Und nun?

»Was wünschst du dir?«, frage ich.

Dariusz überlegt. »Liebe wünsche ich mir.«

Früher habe er gedacht, wichtig sei im Leben das Gefühl, geliebt zu werden, und das sei möglicherweise auch so. Aber was er sich wirklich wünsche, sei, lieben zu können.

Aber was er sich wirklich wünsche, sei, lieben zu können.

»Ich spiele mein Leben lang ein fieses Spiel. Ich bettle zwar fast: Lieb mich, aber sobald es einer tut, sage ich: Geh weg.« Noch immer sei es so, dass ein Teil von ihm glaube, er habe nicht verdient, hier zu sein. »Und ein anderer Teil sagt: Du musst nichts tun. Du musst dich einfach nur öffnen …«

Saint-Exupéry schrieb, man müsse mit dem Herzen sehen. Das glaubt Dariusz auch. Aber es sei nun mal die Leistung seines Kopfes gewesen, die ihn so viele Jahre durchs Leben gebracht hat, ihn überleben ließ.

»Und der möchte jetzt nicht einfach so abgeschoben werden.« Es gehe nun darum, die Mitte zu finden, den Ort, wo Herz und Kopf sich treffen können.

»Hätte ich die Hoffnung verloren, dass es möglich ist, die Liebe zu erleben, gäbe es für mich hier keinen Platz mehr, aber sie ist noch da. Und auch, wenn ich manchmal ganz tief im Sumpf sitze.«

Immer noch habe er die Idee, dass sie eines Tages passiere: diese Hollywoodbegegnung. Der Glaube daran, sagt Dariusz, sei in ihm noch lebendig.

»Ich weiß, dass es noch in mir stattfinden wird. Wir haben alle Pretty Woman gesehen, und wir warten auf den Prinzen auf dem weißen Pferd. Ich würde lügen, wenn ich sagen würde, ich wäre anders. Mein Wunsch ist, und sei es nur für einen Augenblick, zu lieben und mich hingeben zu können. Das will ich.«

Simone Harre

Ich stelle immer wieder fest: Die Liebe ist für mich in vielen Momenten wie Achterbahn fahren. Sobald sich eine Fahrt entspannt anfühlt, geht es schnell in die nächste Kurve, und wenn ich denke: Nein, puh, ich steige aus ... stellt sich nach kurzer Zeit das Gefühl wieder ein: Ach, eine Runde geht noch. Na ja, ich ergänze direkt: Die Liebe ist ein Vergnügungspark!

Corinna Kupsch, 32 Jahre, Puppenspielerin

Der Saturn, der Skorpion und das Haus auf Sand

Sabine Bends, 46 Jahre, Astrologin

Sabine Bends ist Astrologin, sie spürt direkt das Skorpionische an mir. Und mit einem Blick auf meine Daten ist ihr auch sehr schnell klar, dass es kein Wunder ist, dass ich Autorin bin. Passe bestens, sagt sie. Vielleicht würde ich in der Zukunft sogar meinen eigenen Verlag gründen. Puh! Na, ich weiß nicht. Auf jeden Fall, in zwei Jahren sei einiges bei mir los, stehe in den Sternen, beruflich. Ich bin gespannt. Wir reden stundenlang. Wahrscheinlich würden wir tagelang reden. Aber ich muss irgendwann dann doch mal nach Hause.

Warum ich ausgerechnet Sabine aus- und aufgesucht habe? Der Liebe wegen, klar, Horoskop und Liebe, die sind wie Zwillinge, dachte ich. Dabei sagt Sabine nun, dass sie als Astrologin über die Liebe in der Beratung am allerwenigsten Auskunft geben würde. Es sei ein sinnloses Unterfangen, denn Kunden, die verliebt seien, würden zu ihrem Verliebtsein nur etwas ganz Bestimmtes hören wollen. Sie habe das wohl anfangs versucht, prognostizierend zu beraten, Konstellationen auf Herz und Nieren zu prüfen, die Wahrheit zu sagen, aber sich dabei doch nur in die Nesseln gesetzt. Sollte ich also erhofft haben, von ihr mal ganz schnell ein Liebesbarometer erstellt zu bekommen, daraus würde nichts.

Schade, denke ich. Aber es gab ja noch einen anderen Grund, warum ich auf ihrer Homepage hängen geblieben bin. Sabines spirituellen Lebenslauf. Von Byron Katies »the work« ist da die Rede, auch von einem Avatar, von Eckhart Tolle und Hologrammen und vielem mehr. Es ist eine eher ungewöhnliche Auflistung geistigen Hintergrunds, lauter Dinge, die mir fremd sind, Dinge jedoch, die in sich schlüssig und authentisch wirken. Das sage ich ihr auch.

»Das berührt mich jetzt!«, sagt Sabine daraufhin und freut sich. »Ich spüre einfach inzwischen, was mir guttut und was gut ist.« Und deswegen kämen auch auf dem spirituellen Weg die Dinge einfach auf sie zu. Eins zum anderen. Mit der Astrologie habe es damals angefangen. Und seither habe es nicht mehr aufgehört.

Vor ihrem Einstieg in die Astrologie sei sie allerdings gar nicht spirituell unterwegs gewesen. Überhaupt nicht. Die Mutter ein bisschen, ja, aber das habe Sabine eher befremdet. »Ich habe mal eine große Spange oben im Haar getragen, und da sagte meine Mutter: ›Das ist nicht gut, das stört dein Kronenchakra!‹ – Alles klar. Das Kronenchakra.«

Die Chakren waren Sabine von Haus aus also nicht fremd, aber die konnten sie mal. Nach dem Abitur hat sie ganz solide Sprachen studiert, blieb zu Hause wohnen, in einer Art WG mit der Mutter, zog irgendwann zu ihrem Freund und arbeitete nach dem Studium als Übersetzerin für Englisch und Spanisch. Nicht im literarischen Bereich, sondern bei Handelsunternehmen im wirtschaftlichen Sektor. Staubtrocken. Super

Ich habe dann gemerkt: Das fehlt, da habe ich was übersprungen.

Chef, super Team, super Geld, aber inhaltlich sei es ihr fremd geblieben, dem Herzen fremd.

Und dann die Beziehung, die sie hatte: Auch alles supernett, superharmonisch, aber irgendetwas hat auch da nicht gestimmt. Es war zu perfekt, zu organisiert, zu fertig, zu solide. Irgendetwas in ihr sei da nicht erreicht worden. Was dieses IRGENDETWAS war, das habe sie nicht gewusst. Sie wusste nur, nein, sie fühlte: Ihr Leben ist nicht rund. Oder anders gesagt: Es war noch nicht IHR Leben. Außerdem hatte sie nie allein gewohnt, die Studentenbude, die hatte es ja nie gegeben.

»Ich habe dann gemerkt: Das fehlt, da habe ich was übersprungen.«

Die innere Stimme also, die begann sich zu regen, zu drängen und wurde immer lauter. Mit Ende zwanzig war es dann so weit: Die Astrologie kreuzte ihren Lebensweg. Anfangs hat Sabine noch versucht, sich dieser neuen Materie autodidaktisch zu nähern, doch schnell wurde ihr klar: Das geht nicht. Eine Ausbildung zur Astrologin folgte und erwies sich bald als der Grundstein ihres neuen Lebens, das mehr und mehr ein Gesicht, eine Richtung bekam. Fast schlagartig fiel alles Alte von ihr ab. Sie trennte sich von allen Sicherheiten, von der Arbeit und auch von der Beziehung, die zwischenzeitlich, wenn auch nur für ein Jahr, eine Ehe geworden war.

Mutig sei sie gewesen, ängstlich und unsicher jedoch auch. Und auch rundherum: nur Entsetzen. Man erklärte sie für verrückt. Doch sie hat es durchgezogen, sich der vagen Situation gestellt und nach vorn geschaut, sich eine eigene Wohnung gesucht und tatsächlich angefangen, ihre Arbeit als Astrologin anzubieten.

All das ist nun schon einige Jahre her. Heute gibt Sabine astrologische Lebensberatung erfolgreich und mit links, übersetzt auch schon mal spirituelle Bücher ins Englische und blickt in eine Zukunft, in der es auch weiterhin noch vieles zu entdecken gibt. Da ist sie sich sicher.

»Und die Liebe?«, frage ich. »Was ist aus der Liebe geworden?«

Die, sagt Sabine, die stecke auch noch voll ungeahnter Überraschungen. In ihren Gesprächen würde sie häufig merken, dass die meisten Menschen der Liebe zu viele Bedingungen auferlegen. Und dass gerade diejenigen, welche die größten Probleme hätten, den richtigen Partner zu finden, die größten Bedingungen stellen würden. Es seien gar nicht so sehr die Äußerlichkeiten, also nicht das Aussehen oder das Geld, sondern die Vorstellungen von bestimmten Konventionen. Wie harmonisch muss das sein, wie läuft es mit dem Sex, wie wohnt man zusammen, wie reist man zusammen und so weiter? Da seien immer ganz viele Erwartungen. Und dann die Bedingung der Exklusivität. Ein Aspekt mit vielen unterschiedlichen Facetten: Wie exklusiv darf es denn sein? Darf ich noch andere Frauen anlächeln, darf ich mich mit einer Freundin treffen? Oder muss ich jeden Abend um sechs Uhr zu Hause sein?

Sie selbst habe von allen Bedingungen abgelassen und gelernt, den Partner, aber auch andere Menschen einfach so zu lieben, wie sie sind. Sie sei richtig beseelt von Liebe, sagt sie. Und sie habe festgestellt, dass man dann am meisten Liebe empfange, wenn man viel Liebe gebe. Sie erwarte nichts mehr. Aber das sei so ein Prozess gewesen. Ein Prozess der positiven Desillusionierung, wie sie es nennt. Denn sie habe mit ihrem Partner alle Höhen und Tiefen durchgemacht. Den ganzen Schmerz und die ganzen Verwirrungen. Und auch davor in anderen Beziehungen sei sie jahrelang um ihre eigenen Bedürfnisse herumgekreist. Es habe unheimlich viel Nerven, Zeit und Energie gekostet. »Bin ich richtig, mache ich alles richtig?« Die Dinge, die jeder so kenne.

»Und irgendwann war es einfach vorbei, und dann war das wie: Das Essen ist gekocht.« Sabine lacht. »Und jetzt ist das so schön. Jetzt wird da eine Energie frei, die ich auf andere Dinge richten kann.«

Weg von den Ängsten, hin zur Liebe, zur wirklichen Liebe. Zur reinen Liebe. Außerdem, sagt sie, die Liebe ließe sich ja ohnehin nichts vorschreiben. Liebe sei weder zu begrenzen noch zu steuern. Manche Leute würden androhen, sich sofort zu trennen, wenn der Partner eine andere Liebe habe, eine Affäre. Aber so was pralle an ihr ab. »So was denke ich gar nicht«, sagt sie. »Alles ist möglich, und ich würde niemals etwas einschränken.«

Sie könne auch nicht mehr mit jemandem zusammen sein, der so denke. »Da würde ich mich gefangen fühlen.« Es könne immer passieren, dass einem im Leben eine Liebe begegne, auch wenn man schon eine glückliche Partnerschaft habe. Na, und dann? Solle man sich deswegen einfach trennen? Stoppen ließe sich die Liebe ohnehin nicht. Gut, man könne eine Dreiecksbeziehung daraus machen, man könne die Liebe aber auch einfach so stehen lassen und sie erleben, wie sie ist. »Also so: Das ist jetzt Liebe. Ich spüre jetzt Liebe. Und Punkt.«

Man müsse ja nicht unbedingt etwas damit machen. Das seien Entscheidungen, mit denen Menschen sich oft sehr quälen würden. »Die meisten wollen irgendwas daraus für die Ewigkeit machen. Statt den Moment zu genießen.«

Und was ihren Partner betrifft:

»Die lange Zeit zusammen hat gezeigt, dass es uns immer wieder zueinander hinzieht. Egal, was passiert. Das ist so stark, das kann man eh nicht trennen. Das können auch Zeit und Raum und erst recht kein anderer Mensch trennen. Und wenn es dann aber so weit wäre, dann wäre es auch okay.«

»Das klingt schön«, sage ich.

»Ist total schön«, sagt Sabine. »Es ist einfach total befreiend, wenn all diese Ängste nicht mehr greifen, wenn man merkt, dass gar nichts kaputtgehen kann. Das zu entdecken macht frei und glücklich.«

Nun läge so etwas wie eine Entdeckungsreise vor ihr. Ihr ganzes Leben solle noch mehr in Richtung Liebe gesteuert werden. Also Liebe eigentlich für jeden, auch wenn sich das bescheuert anhören würde. Sie wolle ja nicht mit jedem eine enge Beziehung. Aber sie wolle das lieben, was ist. Und nichts dabei ausschließen. So sei das mit ihrer Liebe.

Es ist einfach total befreiend, wenn all diese Ängste nicht mehr greifen, wenn man merkt, dass gar nichts kaputtgehen kann.

»Aha«, sage ich, und dann frage ich doch noch mal. Von wegen Liebe und Astrologie und nächstes Jahr … Ob sie da nicht doch etwas zu sagen könne?

»Hm«, meint Sabine, das tue sie nicht gern, solche Pauschalaussagen äußern, aber dann verrät sie doch noch ein wenig: Sie sagt, mit Saturn im Zeichen Skorpion sei die nahe Zukunft für Paare eine Probe auf Wahrhaftigkeit und Tiefe ihrer Beziehung. Versteckte Sehnsüchte oder verdrängte Anteile würden nach außen drängen und könnten enorm an der Liebe rütteln. »Wie viel Ehrlichkeit gibt es in unserer Beziehung, und wie viel Ehrlichkeit verkraftet sie? Sind unsere Beziehungen zu anderen

Menschen auf Stein gebaut oder auf Sand?« Das würde die nächste Zeit zeigen. Und auch, ob dann, nach all den Prüfungen, neue und bessere Gemeinsamkeiten wachsen könnten.

Das Skorpionische eben, klar, ich kenne das ja. Ich wetze schon mal meinen Stachel, mich bereit machend, und blicke in den Himmel. Stürmische Wolken tun sich über mir auf. Und wenn die Planeten nicht alles richten werden, was soll's, denke ich, da ist ja noch dieses Buch. Geschichten mit ordentlich Zündstoff.

Daher: Ihr Kölner unter der Sonne und den Sternen! Böen in der Herzgegend fegen über euer Land. Haltet euch fest!

Simone Harre

Es gab mal ein Sexerlebnis, das würde ich als pures Glück bezeichnen. Das hatte dieses Dauergrinsen und totales Weggeschwemmtsein vom Hier und Jetzt zur Folge. Wir lagen auf einer Wiese, und sie hat auf zwei Kinder aufgepasst. Wir tranken Bier und Sekt, und ich sagte zu ihr: Wir werden irgendwann unsere eigenen Kinder haben. Danach ging es nach Hause, die Kinder waren abgeliefert, und sie hat mir alles geschenkt, wozu sie in der Lage war, und das war so viel, so unfassbar und so intensiv, dass ich danach absolut glücklich war. Das Ganze hat aber zu keiner Liebe geführt. Hätte ich dieses Erlebnis jeden Tag gehabt, wäre es nicht das gleiche Gefühl gewesen.

Herbert A., 42 Jahre, Mediengestalter

Ein Mann für alle Fälle

Michael Farina, 51 Jahre, »Kulturförderer«

Micha. Der Mann, der alles kann. So nenne ich ihn. Findet er gar nicht so gut. Ist aber passend. Sicher ist: Er ist ein erstaunlicher und ziemlich langhaariger Mensch, mit keiner Angst vor nix und Selbstbewusstsein für zehn. Er ist kein Gentleman, kein Südstadtsnob, kein Schönling, und trotzdem kriegt er alle Frauen, die er will. Sagt er zumindest. Aber wie das?

Wir sitzen in seiner Küche, er rattert einen Kaffee nach dem anderen durch die Kiste, irgendwann taucht eine Frau mit Kind auf. Seine Frau? Sein Kind? Keine Ahnung.

Die Wohnung ist groß. So groß, dass man zwangsläufig neidisch wird. Jugendstil mitten in Köln. Südstadt. Zweihundertdreißig Quadratmeter. »Eher Berliner Style«, sagt Micha, und so billig, das würde ich gar nicht wissen wollen. Ich erfahre es dann doch, behalte es aber für mich. Das will wirklich niemand wissen. Im Keller habe er angefangen, sagt Micha, vor zehn Jahren, ganz klein, Stück für Stück das Nachbarhaus saniert, bis nichts mehr zu machen war. Er sei hier der Hausmeister und Hausverwalter und lebe mit einem fünfundzwanzig Jahre alten Mietvertrag. Glück gehabt. Doch was ist schon Geld? Micha braucht's eh nicht. Er hat's. Jedenfalls wenn er es braucht.

»Genau«, sagt Micha. »Ich fange immer klein an und bin auch bereit, bei ganz beschissenen Konditionen loszulegen.«

Er führt mich herum. Wie durch ein Schloss. Seit Neuestem besitzt er per Durchbruch sogar noch einen Atelierraum, den er eigens entrümpelt hat. Ehemalige Glasmalerei, Kirchenfenster, und zusätzliche fünfundsechzig Quadratmeter für … Nein, auch das will keiner wissen. Jedenfalls genug Platz für alles, zum Beispiel für ein Theaterstück, das demnächst hier gespielt werden soll.

Ich staune, wäre glücklich, hätte ich nur ein Viertel von diesem Raum, und sage:

»Du mietest dich nicht einfach ein, du frisst dich da so langsam ran.«

»Genau«, sagt Micha. »Ich fange immer klein an und bin auch bereit, bei ganz beschissenen Konditionen loszulegen.«

Er habe in seinem Leben Dutzende Berufe ausgeübt, er habe in ganz viele Felder Einblicke erhalten, sei hoch spezialisiert, habe aber nie etwas gelernt. Ein Autodidakt. Das Ausschlussprinzip sei die goldene Regel seines Vorgehens. Um Dinge zu bekommen, die er wolle, würde er großen Ehrgeiz entwickeln, er sei dann zäh, ausdauernd und nicht sehr schnell zufriedenzustellen. Er zeigt mir eine Kiste mit alten Matchboxautos. »Für jedes Mal Spülen für meinen Bruder gab es ein Matchboxauto«, sagt er. Er habe dessen ganze Sammlung zusammengespült, zwei Jahre lang. »Alles Originale aus den Sechzigern und Siebzigern, sehr begehrte Stücke.« Und die Kiste vor uns sei nur eine von mehreren.

»Du öffnest hier in deiner Wohnung eine Tür nach der anderen, wo man nicht mit rechnet. Noch 'ne Tür und noch 'ne Tür«, sage ich. »Und so machst du es mit deinem Leben.«

»Ja. Richtig beobachtet«, sagt Micha. »Wenn ich mich ärgere, weil ich irgendwas nicht kann oder andere Leute mir ein X für ein U verkaufen, dann lerne ich alles. Das Schlimmste für mich ist, machtlos zu sein.«

Wenn ich mich ärgere, weil ich irgendwas nicht kann oder andere Leute mir ein X für ein U verkaufen, dann lerne ich alles.

Und schon sind wir beim Thema Liebe. Denn auch hier hat er alle für sich nur denkbaren Türchen geöffnet und ist freilich von demselben Ehrgeiz und Jagdinstinkt getrieben, viel Unterschiedliches zu erwerben und kennenzulernen. Seine Waffen dabei: Beharrlichkeit, Spürsinn und Furchtlosigkeit. Zur Liebe, sagt er deshalb, würde ihm eine Menge einfallen. Am Anfang, denke er, sei die Liebe noch geprägt von der Jugend, der Projektion. Einer Idealvorstellung, wie die Liebe zu sein habe. Man laufe da irgendwelchen Konventionen hinterher.

Am Anfang habe man eine Jugendfreundin, eine Beziehung. Er selbst habe ein eher romantisches Bild von der Liebe gehabt. Er war vierzehn, als sich seine Eltern trennten. Scheidungskind, mitten in der Pubertät. Keine einfache Zeit. »Ich war viel zu früh bemüht, mich in einen sicheren Hafen zu begeben«, sagt Micha, doch das betrachtet er nicht als Liebe. Die fange erst da an, wo man sie nicht mehr kontrollieren könne, wo sich eine Eigendynamik entwickle und sich auch nicht mehr ein Abgleich mit irgendwelchen Vorstellungen fände. Außerdem sei er ja Teil einer Generation, die sich nicht fremdbestimmen lassen wollte, weder von anderen Menschen noch von eigenen Gefühlen. Welch ein Konflikt!

»Gegen was galt es, sich so abzugrenzen?«, frage ich.

»Einfach gegen die Schwäche«, sagt Micha, »dass man so beeinflussbar wird oder von jemandem so abhängig ist. Oder jemanden so begehrt, dass man verletzlich wird. Das hat mich geärgert. Darauf war ich nie vorbereitet worden.«

Man müsse das erst lernen. Das seien so die klassischen Entwicklungsschritte, die man als Jugendlicher mache. Da könne man tausendmal Werther lesen, das bringe nichts, denn ohne die eigene Erfahrung sei das sinnfrei.

»Wann also war die erste große Geschichte?«

»Mit zwanzig«, sagt Micha.

»Endete dramatisch?«

»Nee, hat sich ausgelaufen.« Außerdem habe die Zukunftsperspektive gefehlt.

»Und dann?«

Dann habe es erst mal noch ein paar Wiederholungen von dieser ersten Liebe gegeben. Rein äußerlich, weil: »Never change a running system.« Heißt: schwarze lange Haare. Sinnlicher Typ, sehr madonnenhaft, aber gleichzeitig auch brandgefährlich. Doch die Sache mit den Wiederholungen, das sei ihm irgendwann klar geworden, tauge nix. Man kann ein Modell nicht eins zu eins wiederholen. Also erst mal Pause. Längere Pause. Oder Pausen. Brauche er auch immer wieder, mental jedenfalls. Doch dann ging's richtig los. »Dann hatte ich mehrere feste Freundinnen gleichzeitig, und noch eine unbekannte Zahl von Gelegenheitsaffären. Das war eine sehr gute Zeit, sehr spannend.«

»Obgleich als Romantiker gestartet?«

Das sei nicht unromantisch, widerspricht Micha. Ganz im Gegenteil. »Es ist viel romantischer, geliebt zu werden, wenn man weiß, dass es für das Gegenüber eine schwierige Situation ist, als wenn man quasi erste Wahl für jemanden ist.«

»Und die Frauen, wussten die voneinander?«

»Natürlich, die haben sich jeden Tag gesehen. Im selben Haus.«

»Ein Harem.«

»Nee, so würde ich das nicht betrachten. Man hat einfach verschiedene Felder, die nicht von einer einzigen Frau ausgefüllt werden können.«

Er lebe auch heute mit einer Frau zusammen, die ein kleines Kind hat, habe aber selbst ein noch jüngeres Kind von einer Freundin, die in Nippes wohne. Dann gebe es noch hier in der Wohnung die Exfreundin, mit der man Pferde stehlen könne, die Frauen, die im Laden arbeiten würden, und so weiter. Aber die Hauptfreundin sei halt die mit dem Kind, so im klassischen Sinne.

»Ist das dann nur platonisch?«, frage ich. Ich verstehe es nicht so richtig.

»Meistens«, sagt er.

Das sei doch ein großer Unterschied, sage ich.

»Nö.« Micha grinst.

»Keine Eifersuchtsszenen?«

»Doch, klar«, sagt Micha, das komme immer wieder vor. Normal, gehöre zum Leben dazu. »Na und? Zickenalarm.«

Deswegen sei es auch wichtig, dass es immer mindestens drei Frauen seien. Mit zweien allein funktioniere das nicht. »Weil, zwei können sich absprechen, und wenn die sich miteinander verbrüdern, grenzen die dich überall aus.«

»Haben die dann auch andere Männer?«, frage ich.

Früher, als er wirklich nach Belieben die Schlafzimmer gewechselt hat, sagt Micha, hätten die Frauen auf jeden Fall noch andere Männer gehabt. »Und heute? Ich weiß nicht so genau. Ich sag mal Nein.« Er lacht.

Ich denke: unüberschaubare Vielweiberei in Köln. Verstehe immer noch nicht ganz.

Micha sagt, diese Art, mit Frauen zu leben, sei inzwischen nur noch ein Programm, das er im »Notfall« einsetzen würde, einfach, um sich vor jeglichem Stress zu bewahren. Schließlich sei es für niemanden gut, wenn er sich dazu hinreißen lasse, ein Drama auszupacken. Die ganze Rumstreiterei bringe auch gar nichts, meistens würde man sich nur dabei verletzen und enttäuschen. »Deswegen habe ich keine Lust drauf, alles bis zum Ende auszudiskutieren. Ich weiß, wann ich meiner Wege gehe und wann die Wogen sich von allein wieder glätten. Ich versuch, die Menschen nicht zu ändern.«

»In so einem System braucht es viel Toleranz«, sage ich.

»Ja sicher«, antwortet Micha, aber was gehe im Leben schon ohne Toleranz? Wenn Intoleranz Einzug in den Alltag erhalte, dann sei das ein Dominoeffekt. »Ich gehöre zu den Leuten, ich kriege an der Supermarktkasse was geschenkt, ich kriege im Computerladen was geschenkt. Ich bin noch nicht mal besonders freundlich, wahrscheinlich sage ich sogar nichts. Trotzdem bekomme ich ständig irgendwelche Vergünstigungen, wo andere Leute sagen: Hä? Warum wird der an der Kasse durchgewunken, warum kriegt der ständig einen Kaffee irgendwo ausgegeben, obwohl jeder weiß, der hat selbst einen dicken Laden?«

Das sei eine Sache der Haltung. Man könne sich von allem frei machen. Von der Zeit, vom Geld, von Konventionen und schlechten Gedanken. Wenn einem das gelänge, käme alles wie von selbst auf einen zu. Also auch die Frauen.

Ich würde das ja verstehen, sage ich, aber sein Back-up-Modell klinge trotzdem nach: Ich lass nichts so recht an mich rankommen.

Das sei völlig falsch, erwidert Micha. Er lasse es nur nicht dazu kommen, dass man Dinge kaputtmacht, sich also unnötig verletze. Im Grunde empfände er auch dann am meisten Liebe, wenn er etwas bekomme und gar nicht wisse, warum. Vielleicht auch, wenn er denke: Das habe ich gar nicht verdient. »Wenn ich mir für jemanden den Arsch aufreiße, und der gibt mir dafür was zurück, hm, toll, okay.« Das sei genauso, wie sich für viel Geld ein teures Auto zu kaufen. Drei Sekunden mache das Spaß, und in der Sekunde vier müsse das nächstgrößere Auto her. Darauf beruhe ja auch das kapitalistische System.

Die konventionelle Mann-Frau-Beziehung sei eine gesellschaftliche Form, die sich aus gesellschaftlichen Aspekten heraus entwickelt habe, sagt Micha. Und das andere sei eine Wahrnehmungsform.

»Und wenn aus der Wahrnehmungsform eine Zweierbeziehung wird, nichts dagegen. Wunderbar. Das hatte ich ja über große Zeiträume.«

»Aber es gibt kein Versprechen.«

»Nee, absolut nicht.« Versprechen erzeugen das Gegenteil. Leute, die sich die Treue versprächen, drängten sich in die Untreue. »Ist ein Gesetz, könnte ich jetzt nachweisen, wie Mathematik. Es erzeugt Druck, und jede eingehaltene Erwartung erzeugt automatisch einen gewissen

Gegendruck, und irgendwann hat der Gegendruck eine solche Kraft erreicht, dass er sich ein Ventil sucht.«

»Noch mal zu deinen Frauen«, sage ich. »Welche Art von Beziehung bevorzugst du heute?«

»Ein Mischmodell aus allen.«

»Und was ist das beste?«

»Keines und alle«, sagt Micha. Keines habe sich alleinig durchgesetzt, und keines sei ad absurdum geführt worden. Wenn man bestimmte Dinge mal in einem positiven Zusammenhang erlebt habe, sei man gar nicht mehr in der Lage, die komplett wegzuradieren. Auf jeden Fall aber: »Das klassische Modell ist mir zu langweilig, zu banal.«

Das klassische Modell ist mir zu langweilig, zu banal.

Es sei nicht ausgeschlossen, aber er habe nicht den Anspruch, es zu leben. Außerdem: Wo bliebe dabei der Reiz des Eroberns? Früher, in der Jugend, sagt er, hätten sie überlegt: »Boah, was müssen wir machen, um die oder die Frau rumzukriegen?« Er hat dann angefangen, mit den anderen darum zu wetten. Im fortgeschrittenen Alter ist er dazu übergegangen, statt mit den Kumpels, mit den Frauen selbst darum zu wetten. »Und ich habe alle Wetten gewonnen. Selbst wenn es vierzehn Jahre gedauert hat.«

»Du musst immer gewinnen«, sage ich.

»Nee.«

»Aber du musst die Dinge rausfinden.«

»Ich muss die Dinge rausfinden. Es geht nicht ums Gewinnen, es geht um den Weg. Welcher Weg führt dahin? Es geht um die Logik des Weges. Und nicht um das Ziel.«

»Das Prinzip, das du lebst, ist ja ein großes Freiheitsprinzip«, sage ich.

»Unbedingt«, erwidert Micha.

»Aber Freiheit hat ja auch einen Preis, eine Gegenseite«, wende ich wieder ein. »Man muss sehr mit sich selbst eins sein können.«

»Ja, es muss auch ohne Frau gehen.«

Könne er auch. Habe er auch getan. Viele Jahre. Wenn man mit sich selbst nicht klarkomme, sei auch keine gute Beziehung möglich. Sonst sei es eine Abhängigkeit. Oder anders gesagt:

»Eine besondere Qualität von Liebestötung.«

Er, Micha, bevorzugt ein Zusammensein, das ihn jeden Tag fordert, bei dem jeden Tag irgendetwas passiert, etwas, was das Potenzial in sich trägt, ihn aus der Bahn zu werfen. Für ihn reine Trainingssache. Man dürfe nur nicht ängstlich werden und aus der Übung kommen. Dann würde es beginnen wehzutun. Dieses »geht nicht« würde er einfach nicht kennen, und als Wintergeborener sei er außerdem in der Lage, die nötige Geduld aufzubringen, auf »schönes Wetter« zu warten. Sein Bonus bei den Frauen läge vermutlich in seinem natürlichen Umgang gepaart mit anscheinendem Desinteresse.

Aha, ein Taoist also, denke ich. Und frage: »Meinst du, es würde funktionieren, wenn alle so leben wie du?«

»Auf lange Sicht, ja«, glaubt Micha. Vielleicht entwickle sich das Ganze ja dahin. Weg von dem Pyramidensystem zum Parallelsystem, schließlich würden wir heute in einer Zeit leben, in der statt Standesstrukturen Kompetenzstrukturen entscheiden würden.

»Aber für was ist der Mensch denn gemacht?« Ich bin immer noch nicht überzeugt.

»Frag deine Gene«, sagt er. »Du hast Gene. Die genetischen Programme heißen Arterhaltung, Fortpflanzung.« Mehr sei in der DNA nicht eingetragen.

Ach, die DNA, nun sind wir wirklich weit von der landläufigen Vorstellung von Liebe entfernt. Sollte es für Micha wirklich gar keine Vorstellung von großer Liebe geben? Hm, Micha? Die große Liebe?

»Die große Liebe?« Micha lacht. »Wie viel Meter sollen's denn sein? Geht das auch in Kubik?«

»Trotzdem«, beharre ich, »liegt es im Bereich des Möglichen, dass du formulierst: Du bist meine große Liebe?«

»Ja, sicher. Was interessiert mich mein Geschwätz von gestern. Was willst du hören?«

»Die große Liebe hat was Einzigartiges.«

»'ne kleine Liebe kann auch einzigartig sein.«

Micha kippt sich den hundertsten Kaffe hinter die Binde und fährt fort: Würde man immer nur nach der einen großen Liebe suchen, würde einem ganz viel dabei entgehen. Er halte das für wenig sinnvoll. Und lässt mich zappeln. Mich, mit meiner großen Liebe. Deswegen frage ich noch einmal, so als könnte ich die gewünschte Antwort aus ihm herauspressen, ich weiß, so ein Quatsch, trotzdem:

»Und du hast nicht vielleicht doch insgeheim den Wunsch, dass es DIE eine Frau gibt, die alles in sich vereinen kann?«

»Ich bin kein Maler.« Micha grinst. »Mein Hang zur Selbsttäuschung ist nicht groß genug.«

Okay. Dann halt keine große Liebe bei Micha. Ich gebe auf. Und er lenkt ein: Gut, sagt er, es läge schon im Bereich des Möglichen, aber er würde sich nie darauf ausruhen. Hätte er tatsächlich so ein Gefühl für eine Frau, würde er das erst mal hemmungslos ausleben, wüsste aber auch, dass das nicht länger als drei Monate so bleiben könne. Lasse sich hormonell nachweisen, dass

Die Vergänglichkeit solch großer Momente sei aber keineswegs tragisch. Im Gegenteil, sie gäbe ihm Energie und sei die Voraussetzung dafür, dass er jeden Morgen aus dem Bett getrieben werde.

das nicht funktioniere. Die Vergänglichkeit solch großer Momente sei aber keineswegs tragisch. Im Gegenteil, sie gäbe ihm Energie und sei die Voraussetzung dafür, dass er jeden Morgen aus dem Bett getrieben werde.

»Was war denn deine längste Beziehung?«, frage ich.

»Vielleicht mal so drei, vier Jahre. Hier mit meiner Mitbewohnerin, so drei Jahre.«

Aha, die Mitbewohnerin mit dem Baby, aber nicht seinem Baby.

»Welche Optik bevorzugst du denn inzwischen?«, frage ich.

»Es gibt nicht mehr DEN Typ.«

»Hat sich das nach innen verlagert?«

»Ja.«

»Der Charakter der Frauen?«

»Nee, auch nicht. Situativ. Es sind die Situationen, die entscheiden. Dass ich mir eine Freundin nach Charakter ausgesucht habe, das war zu Schulzeiten. Das funktioniert nicht. Wie war das: Mit inneren Werten kann man nicht ins Bett gehen.«

Schon klar, das war die falsche Frage. Aber nun: die Gretchenfrage, die ultimative Schlussfrage:

»Hast du das Gefühl, dass du alles gekriegt hast?«

»Ja«, sagt Micha. Im Prinzip sei er weit über das hinaus, was er sich hätte vorstellen können. So im klassischen Sinne, Haus bauen, Kinder kriegen, Baum pflanzen, das sei alles schon da gewesen. Nun müsse er die Dinge finden, die er nicht kenne, von denen er nichts weiß. Darum gehe es jetzt. Die Bonusrunden. Er sei auch nicht mehr neugierig, er wolle die Dinge einfach geschehen lassen. Es geht ihm vielmehr darum, sich für jeden Tag neu Naivität zu erarbeiten, und das sei gar nicht so leicht, darin sei er tatsächlich schon besser gewesen, doch:

»Ohne Naivität würde alles nicht schmecken, wäre alles kalter Kaffee.«
   Und Michas Leben kalter Kaffee? No way!
   Im Gegenteil: »Es ist eine ganz entspannte Situation.«
Und darauf trinkt er noch einen. Einen heißen Kaffee.

Simone Harre

Du, mein geliebter Pus!
…
Du, und ich hab mir ein paar dolle Strümpfe genehmigt, für fünf Mark drei-
ßig. Ein lausiges Geld, aber sie sind schon pfundig und werden auch für dich
aufgehoben. Ich sammle auf jedem Gebiet für dich. Das macht mir eine Riesen-
freude, weil ich weiß, dass du siehst, wenn ich gut angezogen bin, und du dich
darüber freust. Genauso ist es ja auch bei mir, und du musst dir schon gefallen
lassen, wenn ich jetzt immer die Hemden, Schlipse und Anzüge für dich mit
aussuchen muss …

–

Du, mein liebes Fraule,
…
Du hast dir so tolle Strümpfe gekauft. Ich kann es kaum erwarten, bis ich dich
darin sehen kann und ich freue mich so doll, dass du dir schöne Sachen alle
für mich anschaffst. Das musst du aber unbedingt auch tun! Herrgott wird das
schön, wenn ich dich zum ersten Mal in meinen Armen halte. Es ist gar nicht
auszudenken und deine hübschen Beine in den neuen Strümpfen! Ich bin schon
ganz verrückt …

Ausschnitt aus einem Briefwechsel während des Zweiten Weltkrieges (Juli 1941)

Heimliche Liebe

Ronny, 59 Jahre, Rentner

»Ohne Liebe könnte ich nicht sein. Also ohne Frau … das ging einfach nicht. Ja … was heißt … das geeeeeht schoooon, aber ich sach mal, wir sind nicht dafür geschaffen.«

Ronny heißt eigentlich Roland und ist von unkomplizierter Natur, rheinisch eben. »Nenn mich Ronny, und zu siezen brauchen wir uns auch nicht.«

Ronny, neunundfünfzig, frühpensioniert und ehemals bei Ford, sieht aus wie der kölsche Asterix. Schnäuzer, Locken, verschmitzte Augen. Wir sitzen in einem Eiscafé im Norden Kölns, auf der anderen Rheinseite. Wo genau, das soll ich lieber nicht sagen, auch seinen Nachnamen möchte er lieber nicht in diesem Buch lesen, es ist alles ein wenig geheim, was ich verstehe, als ich erfahre, dass genau das auch seine Liebe ist: geheim.

Seit sieben Jahren nun lebt er in einer Beziehung mit einer Frau. Der vermeintliche Haken an der Sache: Sie ist verheiratet und lebt eigentlich mit ihrem Mann zusammen. Der ist schwer krank, depressiv, und sie würde ihn nie verlassen, weil sie Angst hat, dass er dann endgültig den Boden unter den Füßen verliert. Dass sie mit diesem Mann »nichts mehr hat«, da ist sich Ronny sicher. »Das weiß ich ganz genau, und da leg ich beide Hände ins Feuer, gar nichts mehr, die zwei leben platonisch zusammen. Sie möchte ihn aber nicht verlassen, und das respektiere ich auch.«

Sie kennen sich seit der frühen Jugend, beide sind gebürtige Kölner. Sie war in seine Nachbarschaft gezogen, dasselbe Viertel, dieselben Freunde, verstanden und gemocht haben sie sich schon immer, aber es kamen andere Frauen, andere Männer dazwischen. Trotzdem, das Kribbeln, sagt Ronny, das war schon immer da. Irgendwann, Jahrzehnte später, nach seiner Scheidung, tauchte sie dann plötzlich wieder auf. Sie gingen ein Weinchen trinken, trafen sich regelmäßig, gaben sich Raum. Die Liebe wuchs. Gegen alle Widerstände, denn alles musste versteckt gelebt werden, bis heute. Dazu gehört, die Straßenseite zu wechseln, falls sie einen Bekannten sehen. Sich oft nur stundenweise sehen zu können, nicht zusammen leben zu können. Aber es funktioniert, sagt Ronny, und das schon seit sieben Jahren. Stabiler als manche Ehe. Und je mehr er erzählt, desto mehr bekomme ich das Gefühl, dass gerade darin das Geheimrezept dieser Liebe liegt: im Nicht-immer-verfügbar-sein. Das

Geheimrezept, die ganz besondere Herausforderung – und der besondere Reiz. Viel mehr Spielraum gebe einem das, sagt Ronny, und deswegen werde es nie langweilig. Zwei, drei Tage nicht sehen, und schon gebe es einander genug Interessantes zu erzählen. Jede Begegnung bleibe so etwas Besonderes. Ronny, der sehr viel Sport macht, würde seiner Liebsten niemals im Trainingsan-

Zwei, drei Tage nicht sehen, und schon gebe es einander genug Interessantes zu erzählen.

zug die Tür öffnen, sondern nur »zurechtgemacht«. Sind Paare erst mal jahrelang zusammen, sagt Ronny, sagen sich die Männer schnell: Och, ich brauche mich jetzt nicht mehr anzustrengen. Und genau dann fange man an, sich auseinanderzuleben.

Und praktisch sei seine heimliche Beziehung sowieso. Keine Rechenschaft, keine Erklärungen. »Wenn ich heute Nacht nach Hause komme, ist das bestimmt schon wieder drei Uhr. Und dann mach ich die Tür zu und fertig.«

Drei Uhr? Was er denn so lange macht, möchte ich wissen.

Ronny geht tanzen, und zwar leidenschaftlich. Der Mann, der per Fahrrad schon fast die ganze Welt bereist hat, liebt Bewegung und Gesellschaft, deswegen nimmt er Tanzstunden und geht regelmäßig in eine Tanzbar, jeden Freitag und jeden Samstag.

»Ich wollte das immer mal machen, aber irgendwie kam immer was dazwischen, jetzt mach ich das seit drei Jahren, und es macht einen Höllenspaß!«

Allerdings ohne seine Freundin. Die muss zu dieser Zeit nämlich arbeiten. Dafür hat er aber eine Tanzpartnerin. Und auch sonst keine Mühe, Tanzpartnerinnen zu finden. Ein Problem für die Beziehung?

»Da hatten wir vor ein paar Tagen noch ein Thema. Meine Freundin – das gibt sie nicht zu – ist natürlich etwas eifersüchtig. Ist aber nicht begründet, ist kein Thema.« One-Night-Stands, Fremdgehen und »der ganze Kram«, das liege ihm ohnehin nicht. Viel mehr liegt ihm an Verbindlichkeit, Treue, vor allem an einer langfristigen und festen Beziehung. Auch wenn es manchmal schwierig ist mit seiner Liebsten und ihrer Lebenssituation, auch wenn er durch das Tanzen ständig anderen Frauen begegnet, die ihm Herz und Schlafzimmertür öffnen, auch wenn mit ihnen vielleicht manches einfacher wäre. Und wenn seine Tanzpartnerin meint, er müsse sie doch mal mit nach Hause nehmen, sagt er »Nö«. Nö, er bleibt treu, da hat er ganz klare Regeln. »Das ist die Liebe mir wert. Ich merke vom Herzen her, dass da eine Menge rüberkommt.«

Und das will er nicht verlieren. Im Übrigen weiß Ronny, wie das ist, mit der Eifersucht. Er ist nämlich auch eifersüchtig. Wo wahre Liebe ist, ist auch ein bisschen Eifersucht im Spiel. »Sagen wir mal so, bei meiner Tanzpartnerin, die auch gern mit mir zusammen wäre, hab ich null Eifersucht, aber auch null Liebe, da ist nichts. Verlustängste hat ja jeder. Und die sind in dem Moment nun mal groß, wenn man jemanden sehr liebt.«

Ronny und seine Freundin reden viel darüber. Er erzählt ihr sehr offen, was beim Tanzen passiert. Und sie spricht sehr offen darüber, wem sie beruflich so alles begegnet. Tolle Männer gibt es schließlich genauso viele wie tolle Frauen. Gerade diese Freiräume seien sehr wichtig in der Liebe.

»Man muss laufen lassen können, sagen können: Ja, mach mal. Das ist ja wie ein Bumerang, das kommt immer wieder zurück. Das Wichtigste ist, nicht zu klammern. Das ist das Schlimmste, was es gibt. Das macht keine Frau mit und kein Mann – dadurch geht vieles kaputt. Die Grundlage ist, dass ich absolutes Vertrauen habe und sagen kann: Ja, mach mal!«

Viele Beziehungen und Ehen, das beobachtet Ronny immer wieder, zerbrechen am langweiligen Alltag.

»Ich kenne so viele, bei denen ich denke: Mein Gott, ihr könnt doch alles machen, ihr habt doch genug Geld, wieso sitzt ihr den ganzen Tag zu Hause? Sonntags gehen die nicht weg, nichts. Ihr geht in keine Tanzbar, ihr geht in kein Kino, in kein Theater, nichts. Macht doch was! ›Nöööööö …‹, sagen die. Und dann?«

Er macht eine wegwerfende Handbewegung. Wahrscheinlich habe er »hier oben« – er zeigt auf seine Stirn – was stehen, denn die Frauen, die er beim Tanzen kennenlerne, schütteten ihm regelmäßig ihre Herzen aus. Erzählen, dass sie ein Haus haben, Geld haben, aber dass sie nicht glücklich sind. Dass sie von ihren Männern tyrannisiert werden, weil die das Geld haben. Und die Frau kein Einkommen. »Mit Liebe hat das nichts zu tun.«

Nein, nein, die Liebe, sagt Ronny, die müsse man pflegen, denn sie sei etwas Wunderbares. Bloß nicht schleifen lassen. Aufmerksam sein. Das muss gar nichts Großes sein, aber romantisch. Zum Beispiel mit dem Fahrrad an den Rhein fahren, mitten in einer Vollmondnacht, im Sommer, mit einer Flasche Wein. Und dann nur dasitzen und in die Sterne schauen.

»Wenn wir zwei zusammen sind, und wir sind draußen und haben die Sterne: Woah! Das ist toll.«

Oder eine SMS schreiben. Nicht irgendeine natürlich, sondern eine Liebes-SMS. Und zwar genau in dem Moment, in dem man die Liebe ganz stark in sich spürt. Oder am Valentinstag den Frühstückstisch schön decken und der Liebsten etwas schenken, bei Ronny gab es in diesem Jahr eine Uhr. Zwischendurch holt er mal Karten für ein Konzert, mit so etwas überrascht er sie gern, sagt dann nicht, wo es hingeht, ebenso macht er das mit Kinokarten oder einer Einladung zum Essen.

»Oder wenn sie zu mir kommt, so am Samstagabend, da hab ich dann aus Teelichtern solche Herzchen gemacht. Und das ist genau das, was ich meine. Dieses Aufrechterhalten. Man muss die Frau behandeln wie eine Blume. Gieß sie ab und zu mal, damit sie auch weiterblüht. Gut, ich bin vielleicht eine Ausnahme, weiß ich nicht.«

Ja, vielleicht ist er eine Ausnahme. Die Beziehungen um ihn herum sehen jedenfalls anders aus. Gerade beobachtet er, dass die Leute um die vierzig oft frustriert sind. Dass sie noch mal von vorn anfangen wollen, gucken, ob da nicht noch etwas Besseres zu finden ist. Das hänge auch mit dem Freundeskreis zusammen, in dem man sich bewege. Manche würden regelrecht angestachelt zum Fremdgehen. »›Warum machst du das denn nicht? Das ist doch schön!‹ Bah! Es ist der Charakter, es ist auch die Neugierde, auch mal was anderes auszuprobieren.« Dabei gehe das auch in der eigenen Beziehung. »In der Liebe ist Sexualität ganz wichtig, und in der Sexualität ist es ganz wichtig, darüber zu reden, was einem gefällt, aber das muss man eben auch sagen. Mal die Hand der Frau nehmen und sagen: Das gefällt mir, hier und da, ganz offen zu zeigen, was man mag. Ist eigentlich ganz einfach, aber viele Menschen haben damit Probleme. Oder der Liebsten zu sagen: Komm, wir gehen in einen Erotikshop und schauen uns Spielzeuge an.«

Absolute Offenheit auf allen Ebenen. Und reden, reden, reden. Auch, wenn's wehtut, wenn's unangenehm ist. Einmal, erzählt er, haben sie eine sehr schwierige Auseinandersetzung gehabt. Sie habe total viel gearbeitet, hatte kaum noch Zeit für ihn. Glücklich waren beide nicht damit. Immer wieder hätten sie nach Lösungen gesucht. Schließlich hat sie eine weitere Arbeitskraft eingestellt – und hatte wieder mehr Zeit.

Ich kann sie gut verstehen.
Wer verzichtet auch schon freiwillig auf Vollmondnächte am Rhein?

Nicole Roewers

Liebe in Köln ist – KEIN Vorhängeschloss
an die Hohenzollernbrücke zu hängen!

Beate Zimmermann, 49 Jahre, Journalistin

»Ist DAS das Wunder der Liebe?«

Henrik van de Snepscheut, 67 Jahre, Kaufmann

Henrik, nun. Eigentlich war ich mit allem schon fertig, mit den ganzen Interviews, meine ich, und dann kam Henrik. In einer Lesung von uns über das Glück hat er gesessen und hernach einiges zu erzählen gehabt, zum Glück, zur Liebe, zum Leben. Frei nach dem Motto: »Gräme dich nicht, lächle, es könnte schlimmer kommen. Und es kam schlimmer.«

In einem kurzen Abriss erfuhr ich von ihm, wie es in seinem Leben in kürzester Zeit tatsächlich immer schlimmer gekommen ist. Wie alles zusammenbrach und doch immer Glück hinten herauskam. Er erzählte es lachend, witzelnd. Mit großer Klappe. Und doch ahnte ich den Schmerz, den Geist und das Herz dahinter.

Beim ausführlichen Gespräch sitzen wir in seinem Arbeitszimmer, das auch das Zimmer eines Arztes sein könnte: breiter Stuhl, riesiger Tisch, ein Skelett in der Ecke und ein eingerahmtes Bild einer lädierten Lunge, das wie ein Kunstdruck anmutet. Es zeigt Henriks Lunge. Der Tod, wie ich nun erfahre, war in Henriks Leben in den letzten Jahren sein ständiger Begleiter. Immer wieder starben in nächster Nähe Verwandte und Bekannte. Immer bot er ihnen die starke Schulter, immer wieder ging es weiter, so lange, bis es ihn selbst erwischte.

Mehrere Aneurysmen in der Bauchaorta, mehrere im Kopf und Krebs in der Lunge. Ein Niereninfarkt, ein Hirnschlag, ein Vorderwandinfarkt und eine Hirnhautentzündung, Narbenbrüche, um nur das Wesentliche zu nennen. Alles in kurzer Zeit, alles nahe am Tod.

Henrik sagt, er habe viel mehr überlebt, als ein Mensch seiner vorherigen Meinung nach zu ertragen und zu überleben imstande sei. Als seine damalige Lebensgefährtin ihm nach der Rückkehr aus dem Krankenhaus auch noch deutlich machte, dass sie ihn verlassen wolle, fiel er in ein tiefes Loch. Alt geworden, invalide, starr, unbeweglich, resigniert und unfähig zu agieren, habe er Monate draußen in seinem Garten gesessen. Schaudernd vor der Endlichkeit. Zwar hatte er überlebt. Nur wie lange? Es war düster um ihn.

Doch eines Tages stellte er erstaunt fest, dass der Kaffee wieder

Doch eines Tages stellte er erstaunt fest, dass der Kaffee wieder schmeckte.

schmeckte. Ein tiefer Frieden habe mit einem Mal von ihm Besitz ergriffen.

»Ich empfand Glück … Glück?«

Wie konnte das sein? In seiner Situation? Er habe über sich lachen müssen. Über seine Komödie in der Tragödie oder Tragödie in der Komödie? Was war es denn nun? Egal, das Naturgesetz des Lebens habe ihn wiedergehabt, desolat noch immer, doch zuversichtlich, froh. Mehr noch:

»Es war seltsam und überirdisch schön. Ich empfand eine Erleuchtung in Demut und vernahm endlich die Selbstverständlichkeit des Individuums.«

Sein Glück, sagt Henrik, sei vielleicht gewesen, dass er zu kaputt gewesen sei, um sich weiter zu wehren. »Ich stellte fest, dass ich immer nur Erwartungen hatte, und wenn sie nicht eintrafen, war ich bitter enttäuscht.« Heute erwarte er nichts mehr und würde ständig überrascht werden.

Und doch, zwei Jahre habe es gedauert, bis er den Schmerz um die Trennung von seiner Lebensgefährtin verwunden hatte. Nun aber gehe das Leben weiter, und er sei dankbar für alles, was ihm widerfahre. Was ihm vor allen Dingen widerfahre, sei jedoch die Liebe. Die Auseinandersetzung mit seiner Endlichkeit habe eine allgemeinexistenzielle Liebe in ihm wachgerufen und ihn darüber nachdenken lassen, was Liebe wirklich sei.

»Und was ist die Liebe?«, frage ich. Denn da bin ich ja nun mal dran.

»Sei für den anderen da«, sagt Henrik, »aber verlange nichts, lasse ihm seine Persönlichkeit, aber fordere nichts.«

Liebe sei Freiheit. Ehrlichkeit, Vertrauen, Achtung. Alles Dinge, die er in seinem Leben mühsam habe erlernen und erkennen müssen. Durch Krankheit, durch Tod. An sich und an anderen. Im Laufe seines Lebens, sagt er, seien ihm alle Arten von »Unterlieben« begegnet, und er könne über jede einzelne eine Geschichte erzählen. Aufgewachsen ist er in den Niederlanden, einem Land, in dem einem der Wind, egal, wie man sich bewege, immer ins Gesicht blase.

Die Erfahrung seines Lebens?

»Ja. Der Wind bläst immer ins Gesicht.«

Sogar oder gerade in der Liebe. Aber DIE Geschichte, die ihm am meisten Wind entgegengetrieben habe, sei die Geschichte um den Tod seiner Frau Margit gewesen. Die große Liebe seines Lebens.

1969 haben die beiden jung geheiratet. Es war keine harmonische Ehe. Sie wurde durch ihre konträren Charaktereigenschaften und auch durch viel Arbeit im hauseigenen Restaurantbetrieb belastet. Margit war vital und energisch, ohne diplomatische Zwischentöne, er der unversöhn-liche, ruhigere Gegenpart und oft von unbelehrbarer Machomanier. Im Laufe der Jahre floss das Geld aus sehr unterschiedlichen Quellen. Das Restaurant, das zu so viel Stress und Streit geführt hatte, wurde abgestoßen, doch es dauerte lange, bis Henrik beruflich richtig und zufrieden-stellend Fuß fassen konnte. Vieles wurde ausprobiert, vieles wieder sein gelassen. Manchmal sei auch gar kein Geld da gewesen. Dann lebten sie schon mal von Billigbrot mit Margarine vom Aldi. Doch allmäh-lich wurde die finanzielle Situation stabiler, und 1979 gründete Henrik sogar eine eigene Firma. Alles lief gut. Und als in diesem Jahr auch ihr gemeinsames drittes Kind, ein Sohn, zur Welt kam, waren Billigbrot und Margarine längst passé.

1979, Kindersegen, eigene Firma, ein Glücksjahr also?

Mitnichten. 1979 war nämlich auch das Jahr, in dem das erste große Elend über Henrik hereinbrach. Es sei an einem Tag im Oktober ge-wesen, als seine Frau ihn mit schlimmsten Bauchschmerzen an der Tür empfangen habe. Die Augen verweint, das Gesicht verzerrt und zitternd, habe sie sich kaum verständlich machen können. Man sei schnell ins Krankenhaus gefahren. Die Schmerzen wurden immer schlimmer. Die Entzündungswerte enorm. Genaues konnte man nicht sagen, nur eine Öffnung des Unterbauches würde Klarheit bringen. Während Margit an diesem Abend im Krankenhaus bleiben musste, fuhr Henrik, enorm aufgewühlt und erschreckt, mit dem Auto wieder heim. »Heim?«, habe er gedacht und geschaudert. Er hatte schreckliche Ahnungen.

In dieser Nacht konnte er nicht schlafen. Zu viel sei ihm durch den Kopf gegangen. Alles Vergangene, das verwirrend Gegenwärtige und die Zukunft, vor der er erzitterte. Er habe in dieser Nacht einen langen

Brief an seine Frau geschrieben, Worte, in denen er alle Unvollkommenheiten ansprach, seine, die seiner Frau. Er erzählte von seinen Ängsten, entschuldigte sich für all seine Macken und bat darum, gemeinsam zu kämpfen. Am nächsten Morgen habe ihn dann seine Schwester geweckt, die gekommen war, um die Kinder und den Haushalt zu übernehmen. Er habe immer noch am Tisch gesessen, den Brief noch vor sich, die Schrift etwas verwischt, aber lesbar.

Verwischt durch Tränen?, habe er sich gefragt. »Ja. Ich hatte geweint.«

Er, der Indianer, der Mann ohne Tränen, hatte geweint. Gefühle, die bis dahin immer nur zurückgedrängt worden waren, seien von da an ungehindert aus ihm herausgebrochen. Hätten sein Bewusstsein und sein Menschsein erweitert. Viel später konnte er sagen:

»Ich habe meine Frau verloren und dabei meine Anima gefunden.«

Ich habe meine Frau verloren und dabei meine Anima gefunden.

Doch in jener Zeit trieb ihn hauptsächlich die Angst. Die Angst, das Leben zu zweit zu verlieren. Gemeinsam hätten sie sich auf die Klarheit bringende OP vorbereitet, sich gegenseitig Mut gemacht. Und dann kam sie, die OP, und sie brachte Klarheit: Krebs. Mittels eines sogenannten Pfannenstilschnittes sei Margits Unterbauch geöffnet und eine faustgroße Geschwulst am unteren Ende des Dickdarms gefunden worden. Als Henrik nach der Operation in Margits Zimmer kam, sei diese noch ziemlich benommen und nicht wirklich ansprechbar gewesen. »Über eine Stunde saß ich an ihrem Bett, sah ihr zu«, sagt Henrik. Seine Gedanken hätten sich im Kreis gedreht, sein Gehirn habe nicht verstehen wollen, und doch habe es ständig in seinem Kopf gehämmert: »Es ist Krebs, es ist Krebs.«

Henrik sei froh gewesen, dass sie geschlafen habe, und fuhr wieder nach Hause. Aufschub. Wieder hat er eine Nacht in Schrecken durchwacht, Angst vor der ersten wachen Begegnung mit seiner Frau trieb ihn um. Von Übelkeit geplagt, brach er am nächsten Tag auf.

»Voller Widerwillen, und ich hatte Mühe, mich auf die Fahrt zu konzentrieren. Ich fuhr langsam. Unterwegs hielt ich dreimal an, um mich zu erbrechen. Ich würgte mir die Seele aus dem Leib, und es schüttelte mich erbarmungslos.«

Es sei ihm gewesen, als habe er drei Morgen Ackerland von Hand umgegraben. Und dann die Wahrheit: »Na, habe ich Krebs?« Aufrecht saß seine Frau im Bett und wartete schon auf ihn. Seine Margit. Erst einunddreißig Jahre. »Ja«, sagte Henrik. Nichts weiter. Seine Frau war gefasst. Keine Träne im Gesicht. Kerngesund habe sie ausgesehen. Sogar leicht geschminkt. »Und nun?«, sei ihre einzige Frage gewesen.

Nun? Ratlosigkeit. Henrik sagt, Margit sei in dieser Zeit weit über sich hinausgewachsen. Sie, die Versehrte, habe ihn mit durch die schlimmen Tage bis zur OP getragen, und ebenso stoisch und resolut habe sie das Einverständnis für einen künstlichen Darmausgang unterschrieben. Henrik seinerseits habe darauf bestanden, dass der Krebs seiner Frau ihr gemeinsamer Krebs sei und dass er von der Versehrtheit ihres Körpers nicht ausgeschlossen werde. Daher habe er die Erlaubnis verlangt, nach der Operation bei der täglichen Wundversorgung und dem Verbandwechsel dabei zu sein.

Eine Woche später sei Margit erneut operiert worden. »Oder sagen wir ruhig: verstümmelt«, sagt Henrik. Der Krebs konnte nicht in Gänze entfernt werden. Die letzte Hoffnung zerfiel zu Staub. Die restliche Zeit ihres Lebens habe seine Frau mit ihm zu Hause verbracht. Und trotz der schlimmen Situation, die sie infolge durchlebten, sei es doch schön, ja, ideal gewesen, so wie nie zuvor. »Wir schrieben Tagebuch«, sagt Henrik, »wir malten zusammen, empfingen Besuch, widmeten uns den Kindern, nahmen an Feiern zu Silvester und Karneval bei Freunden teil, redeten viel miteinander, blieben ehrlich.« Das Leben verlief einigermaßen normal und liebevoll. Nur eines sei nie wiedergekehrt: die Sexualität.

»Es war vielleicht eine meiner größten Sünden, dass ich ihren Wunsch nach Vereinigung, ihren Versuch, sich wieder dem Leben zuzuwenden, nicht erfüllt habe«, sagt Henrik. »Damit muss ich ihr unheimlich wehgetan haben.« Eines Abends im Bett habe sich Margit an ihn rangeschoben, ihn gestreichelt, sie hätten Zärtlichkeiten ausgetauscht, und auch er habe mit ihr schlafen wollen, doch plötzlich sei er erzittert. Margit habe sich auf einmal eiskalt und steif angefühlt und schien nicht mehr zu atmen. Diese Ahnung des Schicksals habe Henrik mit voller Wucht getroffen, schlagartig eine unbeherrschbare Angst erzeugt und seine Gefühle erstickt. »Ich stand auf, ging ins Bad und habe dort schluchzend geweint.«

Körperlich hätten sie auch danach nie wieder zusammengefunden, sagt Henrik. Aber was heißt schon danach? Die Zeit bis zum Schluss war kurz. Letzte Wochen, Tage folgten. Das Warten auf den Tod. Niemanden habe Margit am Ende mehr an sich ranlassen wollen, keinen Pfleger, keine Krankenschwester, keine Hilfen und schon gar keine Ärzte.

»Nur ich versorgte sie. Ich wusch sie zweimal täglich von Kopf bis Fuß, pflegte ihren inzwischen herauswachsenden Tumor, groß wie ein kleiner Blumenkohl. Drückte ihre Blase aus, wechselte die Tüten, fütterte sie, gab ihr die Medikamente und spritzte das Morphium.«

Ihr Bett habe im Wohnzimmer vor dem großen Fenster gestanden, und er habe auf einem Sessel daneben geschlafen. Und dann … am Morgen des 17. Juni, um etwa zwei Uhr früh, sei es so weit gewesen:

»Wir redeten lieb miteinander, ich legte mich zu ihr auf das Bett, hielt sie fest und streichelte ihr Haar. Meine Wange berührte ihre, aber plötzlich drehte sie mir ihr Gesicht zu, schaute mir tief und voller Liebe in die Augen und sagte: ›Ich gehe jetzt.‹ Fünf- vielleicht sechsmal wiederholte sie diesen kurzen Satz beim Ausatmen, leiser und leiser werdend, dann war es still.«

Es blieb still.

Draußen vor der Haustür rauchte er eine Zigarette und konnte nicht wirklich verstehen, was da gerade geschehen war: »Du bist tot, gestorben«, dachte er, »gerade vor fünfzehn Minuten, liegst still, erlöst, noch unversorgt, weg für immer …«

Ein reißender, greller Schmerz in Henrik vulkanisierte nach oben. Nie mehr die Möglichkeit für ein liebes Wort. Keine Möglichkeit mehr weiterzukämpfen, keine Möglichkeit mehr zu sagen, dass er für sie da sei, sie liebe.

Doch nach und nach sei der Schmerz dumpfer geworden, tragbarer, und die angespannten Nerven der letzten Monate hätten sich zu seinem Erstaunen und auch Erschrecken gelöst.

»Kristallklar empfand ich für einen Moment, wie eine bisher ungekannte, vom Innersten, von der Seele ausgehende Ruhe mich aufnahm, unbeschreiblich, wie ein Nebel aus mir aufstieg, mich umgab, zur Wolke wurde, mich trug. Ohne Schmerzen, ohne Verzicht, ohne Angst vor dem Weiterleben, ohne Gedanken. Nur Leere.«

Zeitloses, von allem gelöstes Sein, wovon Leben und Tod nur Bestandteile sind.

Ein Gefühl, sagt Henrik, von Einswerden mit der Natur. Von Ewigkeitberühren.

»Mein Gehirn, mein Körper, meine Sinne, alles empfand dieses Sein.

Das reine, unabhängige, durch nichts beeinflusste Sein. Zeitloses, von allem gelöstes Sein, wovon Leben und Tod nur Bestandteile sind. Unendliches Glück, glasklares Ich-Empfinden, Ich, Teil des Seins.«

Und ein einziger sich daraus bildender Gedanke:

»Wenn dies das Gefühl des Todes ist, möchte ich tot sein, so ruhig bleiben, für immer, dann ist Tod nicht erschreckend, keine Qual.«

Aber Henrik selbst starb nicht. Natürlich. Seine Zeit war noch nicht gekommen. Noch weitere Ehen und Lieben und Kinder füllten sein Leben an. Bis heute. Lieben, die kamen,

Wenn dies das Gefühl des Todes ist, möchte ich tot sein, so ruhig bleiben, für immer, dann ist Tod nicht erschreckend, keine Qual.

Lieben, die zerbrachen. Doch was wäre eigentlich aus Margit und ihm geworden? Das habe er sich immer gefragt. Wären sie glücklich geworden, hätten sie sich irgendwann getrennt?

»Vielleicht hätte unsere Liebe sich abgekühlt, und wir hätten Jahrzehnte unbefriedigt und lustlos unter einem Dach aneinander vorbeigelebt. Vielleicht hätte es irgendwann gemeinsame Interessen gegeben, vielleicht wäre das Gemeinsame auch zu Banalitäten verwässert.«

Eingeschmolzen in einen illustren Kegelklub vielleicht. Schwer zu sagen. Liebe bleibe einfach sehnsuchtsvolle Liebe und ewige Liebe, wenn sie aus irgendeinem Grunde unerfüllt bleibe oder ein so tragisches vorzeitiges Ende nehme wie bei Margit und ihm. So als ob sich die Liebe in der Tragödie verewige, sagt Henrik. Wenn man miterlebe, wie die Partnerin heroisch über sich hinauswachse, nicht verzage und noch im Tod sich selbst überwinde, indem sie zuversichtlich die Kinder seiner Obhut anvertraute ... diese Liebe vergehe nicht, diese Liebe wird Henrik über den Tod hinaus erhalten bleiben. Er sagt, zwanzig Jahre nach dem Tod seiner Frau habe er einen Traum gehabt, einen großen, heilsamen Traum, in dem er sich mit Margit eng umschlungen und zärtlich hingegeben in seinem Bett wiedergefunden habe, ein Traum, der das Gefühl seiner Liebe bis heute unterstreiche.

»Ich schwebte in einem Zustand der Verzückung, als ob keine Zeit vergangen und das Erlebte lediglich ein böser Traum gewesen wäre. Wir liebkosten uns, flüsterten Zärtlichkeiten, tauschten Gedanken aus, sprachen über Erlebnisse, über die Kinder, schienen eine Einheit zu sein. Ich erzählte vom Erwachsenwerden der Kinder, berichtete von meinem Einfall, es eines Tages ihnen zu überlassen, ihr Leben zu leben, ihre Fehler zu machen, zu erfahren, was und wie das Leben so ist, und nur bei Bedarf und auch nur auf ausdrücklichen Wunsch zur Verfügung zu stehen. Und dass erst dieses Loslassen zu einer neuen Nähe geführt hatte, zu einer gleichberechtigten, erwachsenen Nähe. Sie nickte mir zu, lächelte verschmitzt, kraulte meine Haare und war voller Verständnis und Zuspruch.«

Dann sei der Traum verblasst, sagt Henrik, und ihm sei klar geworden, dass er soeben lediglich das zweite Plumeau liebkost hatte.

Enttäuscht musste er feststellen: »Wir waren doch nicht eins. Wir waren zwei.«

Doch noch ein Gedanke stieg in ihm auf: Von damals bis zu diesem Zeitpunkt habe er nicht akzeptieren können, dass ihr Körper von ihm gegangen sei. Und er habe sie nie wirklich losgelassen. Stattdessen ihre Seele und ihren Geist wie mit Stricken an sich gefesselt. Ganz selbstverständlich habe er in diesem Moment nach diesem Traum ihre Knebelung an ihn als ein Unrecht erkannt und sie um Entschuldigung gebeten. Nun sei es ein Leichtes gewesen, ihre Fesseln zu lösen und sie für ein neues Leben freizugeben. Freiheit, so Henrik, sei das größte Geschenk, zu dem Liebe fähig sei. Und seit diesem Tag, da er dies in aller Glückseligkeit erkannt hat, habe er seine Frau nicht mehr suchen müssen, sie sei immer für ihn da gewesen. Würde stets an seiner Seite gehen, nun jedoch als freiwilliger Teil von ihm, würde ihn beraten und trösten, zu überleben helfen.

Ich ließ sie los und fand sie wieder! Ist DAS das Wunder der Liebe?

»Ich ließ sie los und fand sie wieder! Ist DAS das Wunder der Liebe?«

Henrik sieht mich an. Ich habe Tränen in den Augen und bin ohne Antwort. Vielleicht, fährt er unbeirrt fort, läge der Sinn eines Lebens, und auch der Sinn der Liebe, ja einfach darin, sein ICH zu suchen, zu erkennen und zu leben. Die Liebe und das Leben im Kleinen wie im Großen zu finden. In der paarbezogenen Liebe, in der allumfassenden Liebe. Eben in der Freiheit. Den anderen lassen. Sich selbst lassen. Sich in der Holografie des Ganzen wiederfinden, als Splitter, als Abglanz, unendliches Teil von allem. Es gelte, keine Minute im Leben zu versäumen, sich zu suchen und zu finden, um sich dann am Ende – und auch das muss gesagt sein – zwei Flaschen Wein hinter die Binde zu kippen und selbstzufrieden in Morpheus' Arme zu versinken.

»Das hätte doch was, oder? Übrigens …«, Henrik lacht, »ich trinke gar keinen Wein.«

»Na ja«, einigen wir uns, »aber es klingt gut!«

Simone Harre

236

Das ist eine Geschichte, die einem kein Mensch glaubt! Ich habe einen Schulkameraden gehabt, und irgendwann habe ich gesagt, wir müssen uns doch ein bisschen festlegen. Mit Freundinnen. Dann habe ich ihn gefragt, ob er eine Schwester hat. Hat er gesagt, er hat zwei, dann habe ich gesagt: Na, dann werde ich mir halt eine raussuchen davon. Habe ich gemacht. Glaubt mir keiner, aber das war tatsächlich so, siebzehn, achtzehn war ich da. Und mit zweiundzwanzig habe ich geheiratet. Mit dreißig hatten wir schon vier Kinder. Und es gibt nichts Schöneres wie früh heiraten und früh Kinder. Weil, wenn man jung ist, ist man viel lockerer. Man hat keine Angst.

Friedrich Endreß, 61 Jahre, Wirt

Siebter Sinn für die Liebe

Katrin Maiberg, 72 Jahre, Rentnerin

»Ich sei damals ein richtiger Schuss gewesen, hat mein Mann gesagt. Also genau so, was man sich unter einem Schuss vorzustellen hat. Mit Wirkung auf Männer. Und doch ganz naiv dabei. Keiner hat mich anrühren dürfen«, sagt Katrin Maiberg. »Das mochte ich nicht.«

Schnaufend, fast schnaubend, nimmt sie Platz und sagt, wenn es hilfreich für mich wäre, dann würde sie was von sich erzählen. »Ja, gern!« Katrin Maiberg ist eine resolute Dame, weiches Herz, dicker Schutzpanzer und breite Schultern, an die sich so manche anlehnen. »Viel zu viele«, sagt Katrin. Immer müsse sie alles richten. Sie wirke so hart, aber innen drin sei sie ganz weich. Dabei wünsche sie sich nur einen einzigen an ihrer Schulter, ihren Mann. Nur der, ausgerechnet, der ist nicht mehr da. Schon viele Jahre. Er sei wie sie auch ein heißer Feger gewesen. Da hätten sie sich in nichts nachgestanden, doch anfassen hätte selbst er sie damals nicht dürfen. Zwei Jahre lang nicht. Dann erst habe es erste Küsse gegeben. Ihre Mutter habe immer gesagt, wenn einer nicht warten könne, dann sei er nix. Er habe gewartet, auch weitere sechs Jahre bis zur Hochzeit. Er war der Richtige. Eine große Liebe. Katrin seufzt. »Und vielleicht mein größtes Glück!«

Wenn sie ihn angesehen habe, sagt sie, sei es ihr immer ganz warm ums Herz geworden. »Er war mein ruhender Pol.« Sie habe ihm alles, aber auch alles erzählen können, auch dann, wenn sie mit ihm wütend gewesen sei. »Da habe ich immer gedacht, das gibt es gar nicht, wie kann ein Mensch so sein?« Und Katrin sei oft wütend gewesen. »Ich war die mit dem Donnerkiel«, sagt sie, »reine Temperamentssache.« Eine Mischung aus empfindsam und energisch.

Er war mein ruhender Pol.

Nur jetzt, mit zunehmendem Alter, denke sie schon mal: »Blas was!«

Ich mag Katrin. Sie ist ein bisschen wie ein Berg, ein gutherziger, manchmal ein wenig grober, aber immer herzlicher Berg. Und man kann ihr ansehen, dass sich hinter ihrer schroffen Fassade eine ganze Menge tut, dass sie gewohnt ist, einiges mit sich allein auszumachen.

Wir sitzen bei mir im Wohnzimmer, und im Verlaufe des Gesprächs bekomme ich immer mal wieder Gänsehaut, unerwartet. Denn Katrin hat einiges zu erzählen, Unerwartetes. Und über allem, was sie erzählt, schwebt der Geist jenes Mannes, den sie so schmerzlich vermisst.

»Ich kann ihn nicht vergessen«, sagt sie, »ich kann nicht aufhören, traurig zu sein.«

Er habe ihr Leben so reich gemacht. Als er starb, habe er ein Stück ihrer Seele mitgenommen. Nur ihre Tochter, das einzige Kind der Ehe, sei von ihm geblieben. Über diese wacht sie. Diese ist ihr Ein und Alles. Gern hätten sie und ihr Mann noch mehr Kinder gehabt, aber das sei nicht möglich gewesen. Schon das eine zu bekommen, sei eine Strapaze gewesen. Sieben Monate liegen im Krankenhaus. Aber das habe Katrin für ihren Mann gern auf sich genommen. Sie wusste, wie sehr dieser Kinder geliebt habe und wie sehr die Kinder ihn liebten. »Wenn mein Mann kam, liefen alle Kinder, die hier wohnten, dem nach. Der hatte irgendwas an sich.«

Als er starb, habe sie nicht weinen können. Sie sei erst mal in ein tiefes Loch gefallen und jeden Tag zum Friedhof geflitzt. »Immer hin und habe geredet und geredet und geredet an dem Grab, und wenn das einer gesehen hätte, der hätte gedacht, die hat sie nicht mehr alle.« Inzwischen lasse sie das Grab versorgen. Sie habe ihm auf den Grabstein einen Fisch machen lassen, weil er so gern angeln gegangen sei. Und wenn sie heute mit ihm reden wolle, tue sie das hauptsächlich zu Hause.

In ihrem Schlafzimmer habe sie ein Foto von ihren Eltern hängen und

Ich kann ihn nicht vergessen, ich kann nicht aufhören, traurig zu sein.

am Fußende ihren Mann. Ihr älterer Bruder habe gesagt: »Das musst du nicht machen, du quälst dich immer so.« Nein, habe sie geantwortet. Sie wolle ihm ins Gesicht sehen, »weil der lacht auf dem Bild«. Und dann sage sie ihm immer, er solle auf ihr Kind aufpassen. Und abends vorm Schlafengehen winke sie ihrem Mann zu. »Ich habe das Gefühl, irgendwie, der sieht das. Ich weiß es nicht. Das kann man auch nicht schildern.«

Da sei einfach eine Verbindung. Wenn früher das Telefon klingelte, habe sie auch immer gewusst, wenn er es war, der anrief. Das sei Telepathie, sagt Katrin, das bringe man mit auf die Welt. Sie und ihre Tochter hätten das. Und meistens würde es sich im Zusammenhang mit Menschen zeigen, die ihr am Herzen liegen. So zum Beispiel beim Tod ihres Vaters. Dieser sei von heute auf morgen verstorben. Einen Tag vor seinem Tod habe er noch zur Muttergottes hingeguckt und gesagt: »Hm … ja, ja, du weißt, was passiert, du weißt, wie das ist!« Am nächsten Morgen habe Katrins Tochter, sie war zweieinhalb, weinend und schreiend in ihrem Bettchen gesessen: »Opali gucken. Opali gucken!« − »Kind, was is?«, habe Katrin gefragt. »Du musst schnell nach meinem Opali gucken, meinem Opali geht es nicht gut.« Und dann sei das Telefon gegangen.

> **Ich habe das Gefühl, irgendwie, der sieht das. Ich weiß es nicht. Das kann man auch nicht schildern.**

Eine Nachricht vom Krankenhaus. Der Opali war bereits gestorben.

Ganz ähnlich sei der Tod ihrer Mutter verlaufen. Diese sei nach dem Tod ihres Mannes paranoid geworden und wurde zwangseingewiesen. Als sie starb, war Katrin anwesend. »Es wurde plötzlich in dem Zimmer kalt. Es wurde kalt, und ich spürte, da ist jemand, den ich aber nicht sehe. Das habe ich auch laut gesagt. Ich habe gesagt: ›Ich weiß, dass du jetzt an ihrem Bett stehst und meine Mutter nimmst.‹«

Es ist, als zöge Katrin den Tod an. Als sei sie Vermittlerin an der Schwelle. Und sie könnte noch einiges über tragische Todesfälle aus ihrer Familie erzählen. Aber es gibt auch schöne Dinge zu berichten. Wie sie zum Beispiel dank ihres siebten Sinns zweimal Menschenleben gerettet hat. Im ersten Falle barg sie vom Boden eines Swimmingpools ein junges Mädchen, und ein anderes Mal zog sie einen kleinen Nachbarjungen an den Füßen aus einem Teich heraus. Alles wie in Trance, angetrieben von einer inneren Stimme, die sie an den Ort des Unglücks lotste.

»Mutter«, habe ihr Mann einmal zu ihr gesagt, »du wirst ja noch zur Heldin.« Darauf sei sie wütend geworden. Für sie sei das jedes Mal so gewesen, als habe sie nicht selbst gehandelt. Vielleicht eine Fügung, vielleicht ein Schutzengel, jedenfalls nichts zum Herausposaunen. Wenn es nach ihr ginge, sie könnte ohnehin gut darauf verzichten, und wie gern würde sie auch den Tag auslöschen, an dem ihr Mann starb, der Tag, an dem ihre Hellsichtigkeit das Unglück hilflos nahen spürte.

»Wie ist denn Ihr Mann gestorben?«, frage ich.

Er war Fahrer für ein Kieswerk und sollte eine Fahrt übernehmen, eine letzte, eine, die er gar nicht mehr hätte machen brauchen, eine, von der ihn Katrin hatte abhalten wollen. Er sei bereits Rentner gewesen. Ganz frisch. Aber diese Fahrt habe er unbedingt noch machen wollen. Und so sei er also unterwegs gewesen und seine Rückkehr allmählich überfällig.

Mutter und Tochter, beide seien schon den ganzen Morgen über unruhig gewesen. Nicht gekannter schlimmer Schwindel habe Katrin geplagt. »Und mir wurde klar, da ist irgendwas, und dann schellte es immer bei mir an der Tür, und ich habe gedacht, du gehst nicht an die Tür. Da will einer dir was Schlimmes sagen.« Aber es schellte immer weiter. Schließlich gab Katrin nach und machte auf.

»Da stand die Tochter vom Chef aus dem Büro und guckte mich an und sagte zu mir, ich solle mich mal setzen. Ich sage: ›Ich brauch mich nicht zu setzen: Er ist tot.‹« In dem Moment sei ihr nicht mehr schwindelig gewesen. »Das war wie weg. Ja, sage ich wieder: ›Der ist tot.‹«

Ein Autounfall. Am Morgen hatte er sich noch fürs Mittagessen Sauerkraut mit Porree und Würstchen gewünscht, sagt Katrin. Genau wie ihre Mutter.

»Am Tag, als mein Vater starb, hat sie sich das auch von mir gewünscht.«

»Am gleichen Tag?«, sage ich ungläubig.

»Ja, am gleichen Tag. Seither koche ich das nicht mehr.«

Ich bin still. Mir ist reichlich schaurig zumute.

In dieser Nach noch, fährt Katrin fort, habe ihr Mann sie im Traum besucht, sich von ihr verabschiedet und ihr alles erklärt. »Er hat mir das geschildert. Er sagte: ›Mutter, ich konnte nicht anders handeln, ich musste den Wagen rüberziehen.‹« Ein Rowdy sei auf die Autobahn hinter ihn gefahren. Auf eine Zubringerstraße in Oberhausen. Und direkt in die Innenbahn geschossen, obwohl dort viel Verkehr war. Einer der Autofahrer habe sich dabei so sehr erschrocken, dass er ihrem Mann gegen das Vorderrad geschleudert sei.

»Hinter meinem Mann war ein Intensivmediziner mit seinem Wagen, und der hat dann ausgesagt, dass mein Mann, der vierzig Tonnen Kies geladen hatte, sich geopfert hat für die anderen.«

Mit seinem Wagen habe er verhindert, dass das Auto in den ganzen Pulk gefahren sei, sagt Katrin. Ihr Mann habe, so weit es ging, rübergelenkt und sei dann, sich überschlagend, gegen einen Baum gedonnert.

»Das war mein Mann«, sagt Katrin.

Katrin selbst habe bei dieser buchstäblich letzten Fahrt eigentlich mitfahren wollen. »Und er hat gesagt: ›Nein, das ist zu anstrengend, ich komme doch dann wieder.‹« Wäre sie mitgefahren, wäre sie jetzt auch tot.

Ich sage: »Bei Ihnen ist ganz schön was los.«

»Ja«, findet auch Katrin. Ihr Bruder sage immer, jeder bekomme vom Herrgott das auferlegt, was er auch aushalten könne. »Aber hat er denn auch gefragt, ob ich das überhaupt will?«

Und hat er gefragt, ob sie ohne ihren geliebten Mann leben wolle? Zur Muttergottes würde sie beten, täglich. Ohne ihren Glauben könne sie das alles nicht tragen. »Wenn ich die Muttergottes ansehe, dann meine ich, die sieht mich persönlich an. Guckt durch mich durch. Der Glaube muss da sein. Ich vertraue da drauf. Manchmal guck ich auch zum Herrgottchen. Ich habe da ein Kreuz. Dann sage ich: ›Hast du wieder gesehen? Du weißt ja, dass ich dich nicht mehr leiden kann … Nee, nee, sage ich, ich liebe dich trotzdem.‹«

Dann steht sie wieder auf und hebt ihren Kummer nach draußen über meine Schwelle. Sie hört Kindergeschrei vom nahen Spielplatz, und ihre Augen hellen sich auf. »Kinder, die geben mir Kraft!«, sagt sie. Und geht.

Simone Harre

Herr – Liebe und Wärme in der kalten Welt. Ja, die kam von Aileen. Aber auch die Gelegenheit, mich auszurauben. So, HERR, hatte ich das nicht gemeint. Ich verlange Schadensersatz. Günther

(gesehen in einem Kirchenbittbuch)

Keine Liebe fürs Museum

Ingrid Hähnel, 75 Jahre, Rentnerin & Roland Hähnel, 77 Jahre, Rentner

Ich bin ganz oben angekommen. Achter Stock in einem Haus in den Riehler Heimstätten.

Die Riehler Heimstätten sind das größte Seniorenheim Europas. Mehrere Gebäude und ganze Gebäudekomplexe liegen über ein großes grünes, parkähnliches Areal verstreut, wie hingewürfelt, für jede Herausforderung des Alters, für jede Art von Gebrechen ist hier etwas dabei. Das Haus, in dem das Ehepaar Hähnel wohnt, bietet betreutes Wohnen. Ich klingle an der Wohnungstür, Frau Hähnel öffnet, und ich stutze. In unserem Telefongespräch wenige Tage zuvor hatte sie gesagt, sie sei Mitte siebzig, aber schon ihre Stimme hatte viel jünger geklungen, dynamisch und irgendwie schelmisch. »Roland«, hatte sie ihrem Mann auf meine Frage, ob er denn bei unserem Interviewtermin auch da sein werde, zugerufen. »Sie möchte wissen, ob du mich noch liebst!« – »Selbstverständlich!«, hatte Herr Hähnel aus dem Hintergrund seiner Frau geantwortet. Und wie sie jetzt mit einem herzlichen Lächeln vor mir steht, gesellt sich zu der Stimme das passende Bild. Sie sieht viel jünger aus, zehn Jahre bestimmt. Gleich hinter ihr steht ihr Mann, Roland Hähnel. Auch er sieht jünger aus als siebenundsiebzig.

Ich werde hereingebeten in ihre Wohnung, ihren Alterssitz, für den sie sich beide bewusst entschieden haben – »Falls etwas ist, sind wir versorgt« –, und sehe schon vom Flur aus, was eine Wohnung im achten Stock besonders macht: der Ausblick. Köln, mit allem, was es zu bieten hat. Rhein, Rheinbrücken, Dom, Kölnturm. Die Stadt liegt den Hähnels zu Füßen.

»Schön, nicht?«, sagt Frau Hähnel, als wir auf dem Balkon stehen.

»Wahnsinn!«, sage ich.

»Und auch im Winter herrlich!«

Wir nehmen im Wohnzimmer Platz, die beiden nebeneinander auf der Couch, ich schräg gegenüber auf dem Sessel. Ich versuche, innerlich irgendwie festzuhalten, was die beiden ausstrahlen. Ist es Sympathie? Offenheit? Neugierde auf das Gespräch? Ja, von allem etwas, aber eins trifft's ganz genau: Sie sind liebevoll. Es ist so zärtlich, so voller wortloser Liebe, wie sie da nebeneinandersitzen, dabei berühren sie sich nicht einmal, sie haben Raum zwischen sich, und doch ist regelrecht zu spüren, wie sehr sie miteinander verbunden sind. Wie durch ein unsichtbares Band. Seit achtundfünfzig Jahren.

Mich rührt das, tief. Habe ich hier gefunden, wonach sich alle sehnen? Die lebenslange Liebe, ohne Zweifel, ohne Widerstände, einfach zwei, die schlicht füreinander da sind, ohne Drama? Am Ende des Interviews werde ich wissen, dass das Bild, wie sie, jeder für sich und doch verbunden, auf dem Sofa sitzen, sinnbildlich für die Qualität ihrer Liebe ist.

Die Hähnels stammen aus Berlin. Beide sind Vorkriegskinder, haben alles bewusst miterlebt; den Krieg, mit allem, was dazugehört, die Nachkriegszeit, den Mauerbau. Von Anfang an sind beide mit viel Eigenverantwortung groß geworden, beide Väter sind im Krieg geblieben, die Zeit des Behütetseins war entsprechend kurz.

»Wir mussten eigentlich gleich immer ein bisschen groß sein, auch wenn wir noch klein waren«, sagt Frau Hähnel, die damals unbedingt einen Freund *mit*

Wir mussten eigentlich gleich immer ein bisschen groß sein, auch wenn wir noch klein waren

Vater haben wollte. »Der Junge war mir eigentlich egal! Und was habe ich gekriegt? Auch einen, der keinen Papa mehr hatte!« Sie lacht. Und haut ihrem Mann freundschaftlich aufs Bein. »Aber das haben wir gut gemacht, nicht?« Er lächelt und nickt.

Es war der erste Weihnachtstag 1954, als die beiden sich zum ersten Mal begegneten. Ingrid Hähnel hatte gerade ihre Lehre abgeschlossen, Kaffee- und Genussmittelverkäuferin, es waren nur noch ein paar Tage bis zu ihrem achtzehnten Geburtstag. Er, gerade zwanzig, arbeitete als Lederwarenhändler und war vor Kurzem von Berlin nach Hamburg gezogen, weil es da für ihn mehr Arbeit gab. Er war also nur zu Besuch in der Stadt. Sie sahen sich auf der Party eines Freundes und wussten beide sofort: Das ist er, das ist sie. Als wenig später sein erster Brief bei ihr zu Hause ankam, verkündete sie ihrer Mutter: »Mutti, von dem kriege ich jetzt öfter Post, den werde ich wohl heiraten.«

Doch erst einmal führten die beiden eine Fernbeziehung. Und das bedeutete, dass sie sich nur drei-, viermal im Jahr sahen – und das viereinhalb Jahre lang, in einer Zeit ohne Handy und Mail, und ein eigenes Telefon hatten sie auch nicht.

Mutti, von dem kriege ich jetzt öfter Post, den werde ich wohl heiraten.

»Aber es gab ja Briefe!«, wirft Frau Hähnel ein. Und einen Postboten in Berlin, den sie ständig löcherte: »Haste Post?« Der Postbote winkte immer schon von Weitem, wenn er etwas für sie hatte: »Brief für dich!«

Viereinhalb Jahre sind die beiden quasi unerreichbar füreinander. Eine lange Zeit, vor allem, wenn man bedenkt, dass sie gerade mal Anfang zwanzig waren. Und beide keine Stubenhocker. Sie war ein attraktives, lebenslustiges Berliner Mädchen, das gern ausging und tanzte. Und er saß dreihundert Kilometer weit entfernt auch nicht nur zu Hause rum. Viel habe sie sich anhören müssen von Bekannten, sagt Frau Hähnel.

Immer hieß es: »Wer weiß, was der da macht!« Aber das hat sie nicht zweifeln lassen. Einhundertprozentiges Vertrauen habe sie gehabt.

»So viel Vertrauen! Es war so klipp und klar: Wir können alles machen, nur nicht *alles*.«

Und Herr Hähnel setzt nach: »Man hat sein eigenes Leben gelebt, aber mit ganz klaren Zielvorstellungen. Das war etwas anderes. Das kann man mit der heutigen Zeit nicht vergleichen. Es war auch nicht so wie heute die Zeit des Ausprobierens. Natürlich ist man rausgegangen. Man

Man hat sich entschieden, einmal, und dann war diese Entscheidung.

hat getanzt, man hat sich unterhalten, alles, aber es war eine andere Zeit. Man hat sich entschieden, einmal, und dann war diese Entscheidung.«

Ohne Wenn und Aber. Und ohne den Gedanken im Hinterkopf, vielleicht noch etwas Besseres zu finden.

Kurz vor Ende dieser viereinhalb Jahre zog Roland Hähnel von Hamburg nach Köln und wohnte als »möblierter Herr« in Nippes, so hieß das, wenn Männer möblierte Wohnungen bezogen. Das Haus war bis auf die erste Etage runtergebrannt, aber der Hauseigentümer wollte es wieder aufbauen. Roland Hähnel sagte: »Wenn ihr aufbaut, und ich kriege eine Wohnung – dann heirate ich!« Gesagt, getan.

So kam er 1959 nach Berlin, mit dem Heiratsantrag. Sie packten »alle

Plücken zusammen« und gaben sich das Jawort. Mit Tanz und Schleier, weißer Kutsche und bei strahlendem Sonnenschein. Dann gingen sie, endlich gemeinsam, nach Köln. Zwei nagelneue Zimmer gab es da, Küche, Toilette, Dachgeschoss, zweiundvierzig Quadratmeter. »Wie ein kleines Wolkenkuckucksheim war das. Ganz schön!«, schwärmt Ingrid Hähnel noch heute. Mit Apfelsinenkisten und Vorhängen davor haben sie angefangen. Dann kam irgendwann der Schrank, dann die Couch, später der Kühlschrank, alles auf Abzahlung. Sessel wurden einer nach dem anderen gekauft, und am Ende gab es die Stehlampe.

Es wurde alles gefeiert, was gefeiert werden musste.

»Das schweißt zusammen!«, sagt sie, und er stimmt zu: »Diese gemeinsamen Anschaffungen und Erlebnisse. Wo jeder die Mark, die er übrig hat, in den gemeinsamen Topf tut und sich freut!«

1960 wurde dann ihr Sohn geboren. Am 6.6.60. Um sieben Uhr.

Zehn Jahre verbrachten die drei in ihrem Wolkenkuckucksheim. Es war klein, das Kinderbett stand im Schlafzimmer, aber es war eine wunderschöne Zeit. »Es wurde alles gefeiert, was gefeiert werden musste«, sagt Frau Hähnel.

Natürlich war nicht immer alles rosa, verklären wollen die beiden nichts. Sie habe sich oft allein gefühlt, sagt sie, ihr Mann war ja Freiberufler, ständig unterwegs.

»Der hat garantiert jeden Tag jüngere, hübschere Mädchen gesehen als seine brave Frau zu Hause. Aber man hat keine richtige Gefahr an sich heranlassen brauchen. Und das ist ein riesengroßes Glück. Dass man nie in Gefahr geraten ist.«

Auch auf den vielen Feierlichkeiten, die die beiden erlebt haben, sei nie »was Schlimmes« passiert. Fremdgehen – kein Thema. Schließlich könne jeder jederzeit Nein sagen zu Avancen. Und klare Signale setzen. Sie wäre jedenfalls niemals auf die Idee gekommen, ihren Trauring abzunehmen, wenn sie irgendwo war. Das wäre verlogen, nicht hinter ihrem Mann, ihrer Familie zu stehen, sich stattdessen umzugucken. »Hab ich gar nicht nötig. Ich kann tanzen, mit wem ich will, die ganze Nacht. Aber nach Hause gehen wir zusammen.«

Und Herr Hähnel sagt: »Wenn man offen und ehrlich ist, reagieren die Leute auch entsprechend. Und wenn man das nicht ausstrahlt, dass man etwas sucht. Da muss jeder seine eigene Charakterstärke haben. Wenn da zwei so zusammenkommen, dann funktioniert das eben acht–undfünfzig Jahre.«

Erschüttert haben die beiden in all den Jahren nur zwei Ereignisse: Ingrid Hähnel war einmal schwer krank. Und Roland Hähnel hatte einen schweren Fahrradunfall, Schädelbruch, Schulterblattabriss und tagelanges Schweben zwischen Leben und Tod. Das hat sie nur noch enger zusammengeschweißt.

Dann die wilden Achtundsechziger. Die Hähnels haben das beobachtet, aber »nicht so ganz verstanden«. Da war er Mitte dreißig, stand mitten im Beruf mit einer Sechzig- bis Siebzig-Stunden-Woche, hatte für seine Familie zu sorgen. »Da hatte man für solche Faxen keine Zeit«, erklärt sie. »Das ist Familie«, sagt er. »Es ist eben nicht mehr das Ich-Denken, sondern das Wir-Denken. Es ist eine Gemeinschaft.«

Sie sind gemeinsam durch dick und dünn gegangen, gemeinsam gewachsen, sind gemeinsam glücklich. Aber auch jeder für sich. Jeder hat seine Hobbys, seinen Sport, Freundeskreis, beide sind ehrenamtlich engagiert. Und das sei, neben dem Vertrauen und dem ganz einfachen Vorsatz, den anderen niemals zu verletzen, ein ganz wichtiger Punkt in ihrer Partnerschaft, sagt Herr Hähnel.

»Jeder muss ein eigenständiger Mensch bleiben. Der andere wird nicht mein Eigentum, nur weil ich ihn heirate. Jeder bleibt eigenständig mit seiner eigenen Meinung, mit seiner eigenen Verantwortung, mit seiner eigenen Lebenseinstellung und vor allen Dingen mit der gegenseitigen Achtung.«

Jeder muss ein eigenständiger Mensch bleiben. Der andere wird nicht mein Eigentum, nur weil ich ihn heirate.

Gegenüber Freundinnen abfällig über ihren Mann zu reden, das käme Ingrid Hähnel niemals in den Sinn. Beim Sport mit Kumpels über seine Frau schimpfen? »Wir wollen einander doch nicht in irgendeiner Weise wehtun«, wirft Herr Hähnel ein. »Das tut man nicht! Und es gibt noch etwas: Wenn einer von uns beiden unterwegs ist, früher, wenn ich beruflich unterwegs war, oder heute noch, wenn einer einer Verpflichtung nachkommt: Es wird keiner von uns zu Bett gehen, wenn der andere nicht da ist. Das war schon immer so. Das sind so Dinge, die mögen vielleicht banal sein, aber sie sind wichtig. Und in unserer Partnerschaft klappt das.«

Wir sind unterschiedlicher Meinung. Aber die kann man ganz ruhig und präzise formulieren.

Aber wie gehen sie denn mit Streit um?, möchte ich nun wissen. Die beiden schauen mich groß an.

»Das gibt's doch bestimmt auch?«, hake ich nach. Ein bestimmtes »Nein!« von beiden.

Sie: »Wir streiten nicht.«
Er: »Wir sind unterschiedlicher Meinung. Aber die kann man ganz ruhig und präzise formulieren.«
Sie: »Wir haben noch nie gegeneinander geschrien oder so. Noch nie. Das würden wir auch gar nicht fertigbringen. Uns würde die Luft wegbleiben. Das muss auch nicht sein. Aber gut, andere Leute sind anders gestrickt, die machen sich auch anders Luft.«
Er: »Natürlich. Wir haben Freunde, die sagen: ›Ein gutes Gewitter reinigt die Luft.‹ Da fliegen auch mal die Türen. Vor vielen Jahren hat mal ein guter Freund zu uns gesagt: ›Ihr mit eurer Scheiß-Zufriedenheit!‹«
Beide lachen.

Der Freund konnte es nicht verstehen.

»Ihr gehört ins Museum.« Das sagte ihr Sohn, als er Anfang der siebziger Jahre aufs Gymnasium kam. Als eins der wenigen Paare waren seine Eltern erstens noch immer zusammen und zweitens glücklich. Ein Ausnahmepaar, das wusste er damals schon. Er hat übrigens mittlerweile auch schon seine Silberhochzeit gefeiert.

Eine Liebe fürs Museum. Nein, denke ich, als ich die beiden verlasse. Eine Liebe für das pralle Leben, mitten unter uns. Damit wir alle sehen: Es geht doch. Man muss es nur wirklich wollen.

Nicole Roewers

Man braucht Menschen. Und einen Platz, wo man zu Hause ist.

Gabi Simon, 55 Jahre, Erzieherin

Die Liebe – und WIR?

Zwei Nachworte

In Venedig gibt es ein Sprichwort, das heißt: *Liebe, Bauch und Husten kann man nicht verstecken*. Stimmt. Ich finde das Sprichwort super, und es kreist, seitdem ich es gelesen habe, in meinem Kopf umher. Die Liebe lässt sich nicht verstecken. Sie lässt sich nicht unterdrücken, kleinkriegen, einschließen, auch umgekehrt nicht größer und erhabener machen oder gar künstlich entfachen. Liebe ist Liebe. Sie ist da oder nicht.

Und obgleich ihre Präsenz doch so massiv und allumfassend ist, behandeln wir sie manchmal so nachlässig, die Liebe. Lassen sie schleifen, ziehen sie einfach so mit durchs Leben, setzen sie voraus oder vermeiden sie. Wie groß unser Einfluss letztlich auf diese zwar autoritäre, aber auch äußerst geschmeidige Dame sein kann, das durfte ich in all den Interviews, die ich geführt habe, erfahren. Jedes einzelne dieser Gespräche entwarf ein höchst individuelles Liebesuniversum, eine eigene

Wahrhaftigkeit, und um da eintauchen zu können, musste ich über den Tellerrand meines eigenen Lebens und Liebens schauen. Hatte ich mir anfangs nichts weiter dabei gedacht, hatte ich erwartet, das würde einfach nur spannend sein, wurde ich schnell eines Besseren belehrt. Es war entsetzlich strapaziös und verwirrend.

Nach jedem Gespräch ging ich nach Hause und dachte: »Und mein Partner? Bin ich auch so offen? Sprechen wir miteinander? Sprechen wir wirklich miteinander? Lieben wir uns? Und was ist Liebe denn nun?« Ist die romantische Liebe passé, gibt es die offene Beziehung? Will man so etwas? Wo sind die Grenzen? Für mich, den Partner, für uns gemeinsam? Herrgott, das Eintauchen in die Gedankenwelten der anderen hat mein eigenes Lebensgerüst sehr erschüttert und aufs Mark geprüft. Es war so, wie man vom Tango sagt: Tanzt man zusammen Tango, findet man entweder enger zusammen, oder man trennt sich.

Ich überdachte also sowohl mein Leben als auch meine Liebe, zählte die Jahre des Zusammenlebens mit meinem Mann, warf alles zusammen, was uns verbindet, und dachte, da ich heute eine andere bin als vor fünfzehn Jahren, wäre es nur richtig, dies auch neu zum Ausdruck zu bringen, und machte ihm kurzerhand einen glamourösen und aufregenden Heiratsantrag. Denn ich fand heraus: Er war immer noch der Richtige. In einem romantischen *und* realistischen Sinne zugleich. Er kann niemals alles in sich vereinen, was ich brauche, aber er ist immer noch der Richtige. Er ist der, neben dem ich vielleicht in weiteren vierzig Jahren klapprig auf einer Parkbank sitze, alt zwar, doch noch immer seine Hand haltend. Er ist auch der, der sich bereits seit fünfzehn Jahren mit mir gemeinsam verwandelt und dies hoffentlich auch weiterhin tun wird.

Aber wie: Heiratsantrag? Wir sind doch schon verheiratet. Egal. Feiern kann man immer. Und sich aufs Neue in die Augen zu sehen, noch einmal zu versprechen und auf unabsehbare Zeit die Hand zu reichen, hat etwas unwahrscheinlich Großartiges. Was ich zum Ausdruck bringen wollte, war: »Wir gehören uns nicht, und darum gehe ich freiwillig neben dir. Doch sei achtsam, die Liebe ist ein flinkes Wesen.« Denn: Die Freiheit als ein Synonym für Liebe zu betrachten, das habe ich nach all den Interviews gelernt.

Daher bedanke ich mich bei meinen Gesprächspartnern aufs Tiefste, für ihre Offenheit und für den Mut, von sich zu erzählen, und wünsche mir, dass es den Lesern beim Lesen unseres Buches ebenso wie Nicole und mir ergehen möge, dass sie sich berührt und bereichert, aber vor allen Dingen im positiven Sinne verwirrt fühlen mögen und sich zu jenen Schritten anregen lassen, die für sie hernach als die richtigen erscheinen werden.

Simone Harre

Neulich, bei einem Spaziergang durch den Volksgarten, kam ich an einer Bank vorbei, auf der ein altes Pärchen saß. Sie schaute den Enten zu, er las Zeitung, zwischen ihnen lagen ihre Hände ineinander, fest umfasst, einfach so. Die beiden hatten eine beruhigende Wirkung auf meinen mulmigen Magen und mein flatterndes Herz. Ich hatte nämlich gerade eine Achterbahnfahrt hinter mir, war durchgeschüttelt worden, hatte Loopings überstanden, war fast aus der Kurve geflogen. Warum? Ich hatte die Kölner nach der Liebe gefragt. Ebenso gut hätte ich mir ein Dauerticket für die größte Achterbahn der Welt kaufen können.

Für meine Interviews saß ich Paaren gegenüber, die seit vielen Jahren, manche sogar ein halbes Leben lang, glücklich zusammen sind. Ich saß verzweifelten Singles gegenüber, die die Liebe, so gefunden, gleich auch wieder verlieren. Menschen, die Beziehungspausen einlegen, um sich selbst zu finden. Menschen, die tief verletzt worden sind. Andere, die nicht loslassen können. Wieder andere, die frisch verliebt mit leuchtenden Augen von ihrer neuesten Liebe schwärmten. Die einen bauen auf Respekt, Loyalität, Treue, die anderen glauben längst nicht mehr daran. Die einen igeln sich ein, die anderen packen die Welt mit ihren Liebesvorstellungen bei den Hörnern. Ein Interview baute mich auf, das nächste schmetterte mich wieder nieder. Wie? Die Liebe, eine ewige Suche? Ein Trugbild? Eine mal wunderschöne, mal hässliche, schmerzende Gestalt, am Ende gar nicht existent? Treue nur eine Illusion? Wie soll man denn da noch wissen, was Liebe ist, geschweige denn, wie sie funktioniert?

Jeder meiner Gesprächspartner hatte seine ganz eigene Vorstellung, Erfahrung, Erwartung an die Liebe, und jeder hatte recht. Jeder war zum Zeitpunkt des Gespräches so wahrhaftig in seinem Leid oder in seiner Freude, dass kein Zweifel darin bestand, eine weitere Facette der Liebe gefunden zu haben.

Doch es gab eine Gemeinsamkeit. Eine zarte und doch unendlich starke Sehnsucht teilten nahezu alle meiner Gesprächspartner, ob Single oder nicht, ob alt oder jung: Alle träumten den romantischen, rührenden Traum, die Liebe ihres Lebens halten oder finden zu können und mit ihr alt zu werden. Zusammen durch dick und dünn, bis zum Schluss. Das Bild des Händchen haltenden, glücklichen alten Pärchens auf der Parkbank ist in den Köpfen und Herzen eingebrannt als alles antreibende Sehnsucht. Ein Traum, der so oft an der Wirklichkeit zerbricht, als hätten wir alle zwei Herzen in uns: das eine, das sich nach dem Partner sehnt, das andere, das Angst hat, sich dabei selbst zu verlieren. Doch die Sehnsucht ist immer da, zu jeder Zeit und in jedem Herzen, und mit ihr lebt die Liebe, ob real, erträumt oder vermieden.

Nach all den Verwirrungen, Kurven und Loopings macht mir das Mut. Die Liebe ist eben doch stärker, als wir glauben. Und ich träume diesen Traum mit. Ich träume davon, mir einst mit dem wunderbaren Mann, der jetzt an meiner Seite ist, auf der Parkbank den alten Hintern platt zu sitzen.

Nicole Roewers

Simone Harre // Nicole Roewers

VOM *GLÜCK* IN KÖLN

Gewinner
BOD
Autoren-Award
2011

emons:

224 Seiten · ISBN 978-3-89705-941-2 · 12,95 €

Wissen Sie, was Glück ist? Nein? Dann fragen Sie doch mal Ihre Nachbarn. Oder lesen Sie dieses Buch. Denn hier erzählen ganz normale Kölnerinnen und Kölner, was für sie Glück ist – keine Glücksexperten, sondern Menschen wie Sie und wir. Die Autorinnen Simone Harre und Nicole Roewers haben es eingefangen, das Glück, und können so viel schon mal verraten: Es ist anders, als man denkt.

»In dem mit vielen Fotos ansprechend gestalteten Buch geben ganz normale Menschen Einblicke in ihre Gedankenwelt und erzählen, was Glück für sie bedeutet – verblüffend offen, fesselnd, witzig und melancholisch.« Kölnische Rundschau

»Interessant und emotional.« Prinz

emons:

Bildnachweis

Farina, Michael 196
Kamenev, Eugen 22
Körnich, Matthias 44, 52, 90, 102, 116, 130, 164, 186, 212, 222, 238, 248, 260
Moh, Fabian 12
Ramakers, Philippe 266
Scherer, Axel 262
Szymanski, Simone 62
von Schimmer, Heinrich 74
www.fotoandersart.de 144

Bibliografische Information der Deutschen Bibliothek

Die Deutsche Bibliothek verzeichnet diese Publikation in der Deutschen Nationalbibliografie; detaillierte bibliografische Daten sind im Internet über http://dnb.d-nb.de abrufbar.

© Hermann-Josef Emons Verlag
Alle Rechte vorbehalten
Gestaltung Umschlag: Weusthoff-Noël, Hamburg (www.wnkd.de)
Gestaltung Innenteil: Tobias Doetsch, Berlin
Druck und Bindung: FINIDR, s.r.o., Český Těšín
Printed in the Czech Republic 2013
ISBN 978-3-95451-104-4
Originalausgabe

Unser Newsletter informiert Sie
regelmäßig über Neues von emons:
Kostenlos bestellen unter
www.emons-verlag.de